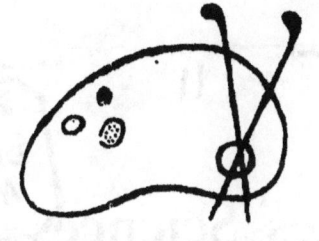

Début d'une série de documents
en couleur

Les Sciences
Les Lettres et les Arts
à Marseille en 1789

Par Ch. VINCENS

de l'Académie des Sciences, Lettres et Arts de Marseille
Président du Comité des Assureurs maritimes
Conseiller de Direction de la Caisse d'Épargne des Bouches-du-Rhône
Administrateur de la Banque populaire
Vice-Président de l'Association Polytechnique
Président de la Société de Secours mutuels des Artistes musiciens
Membre de la Chambre syndicale de la Société pour la Défense du Commerce
et de l'Industrie
Vice-président de l'Œuvre Hospitalière de Nuit
Membre correspondant de la Société des Études Historiques
et de la Société Philotechnique, de Paris
Etc.

MARSEILLE

FLAMMARION ET AUBERTIN, LIBRAIRES-ÉDITEURS
84, Rue Paradis, 84
—
1897

IMPRIMERIE BARTHELET ET Cie
MARSEILLE

Fin d'une série de documents en couleur

14502

LES SCIENCES
LES LETTRES ET LES ARTS
A MARSEILLE EN 1789

DU MÊME AUTEUR

Rapport sur l'insuffisance des moyens d'extinction des incendies dans les ports de Marseille. — Typ. et Lith. Barlatier et Barthelet. (Epuisé.)

Projet de Code international pour le Règlement des avaries communes, par le Chev. VALLEBONA. Traduit de l'Italien avec une Préface et un Commentaire. — Marseille, Impr. Court-Payen.

Rapport sur la création et le règlement d'une Caisse du Patrimoine en faveur des employés de la Caisse d'Epargne des Bouches-du-Rhône. — Marseille, Impr. Garry et Cie.

Rapport historique sur l'Œuvre de l'Hospitalité de Nuit. — Marseille, Impr. Aschero et Sacomant.

Auguste Morel, sa vie, ses œuvres. — Marseille, Typ. et Lith. Barlatier-Feissat père et fils. (Epuisé.)

De l'Iconographie de Sainte Anne et de la Vierge Marie à propos d'une statue du XVe siècle. — Paris, Impr. de l'Art, Ménard et Cie.

Un Manuscrit d'Annibal Gantez, maître de chapelle au XVIIe siècle. — Marseille, Typ. et Lith. Barlatier et Barthelet. (Epuisé.)

Un Quiétiste marseillais, précurseur de Molinos et de Fénelon. — Marseille, Typ. et Lith. Barlatier et Barthelet. (Epuisé.)

Le Mouvement intellectuel à Marseille depuis les Phocéens jusqu'à nos jours. Discours prononcé à l'Association générale des Étudiants de Provence. — Impr. Marseillaise.

Rapport sur le 2e Congrès des Banques Populaires Françaises, et sur la visite aux établissements similaires de la Haute-Italie. — Marseille, Typ. et Lith. Barlatier et Barthelet.

Marseille. — Typ. et Lith. Barthelet & Cie, rue Venture, 19.

Les Sciences
Les Lettres et les Arts
à Marseille en 1789

Par Ch. VINCENS

de l'Académie des Sciences, Lettres et Arts de Marseille
Président du Comité des Assureurs maritimes
Conseiller de Direction de la Caisse d'Epargne des Bouches-du-Rhône
Administrateur de la Banque populaire
Vice-Président de l'Association Polytechnique
Président de la Société de Secours mutuels des Artistes musiciens
Membre de la Chambre syndicale de la Société pour la Défense du Commerce
et de l'Industrie
Vice-président de l'Œuvre Hospitalière de Nuit
Membre correspondant de la Société des Etudes Historiques
et de la Société Philotechnique, de Paris
Etc.

MARSEILLE
FLAMMARION ET AUBERTIN, LIBRAIRES-ÉDITEURS
34, Rue Paradis, 34

1897

Les Sciences
Les Lettres et les Arts à Marseille
en 1789

INTRODUCTION

Les restitutions du passé sont à la mode : chaque Exposition, universelle ou non, offre au public des monuments, des quartiers, des villes même (comme le vieux Anvers), restitués avec une exactitude et une couleur historique qui témoignent de consciencieuses recherches. Les simples curieux y prennent autant d'intérêt que les érudits.

D'une manière générale, on revient au passé: on en recueille les débris, on en fait revivre les coutumes, les meubles, les costumes ; et, même dans l'organisation sociale, ne voyons-nous pas les syndicats faire revivre aujourd'hui les anciennes corporations ?

Ce retour est caractéristique, car il semble indiquer un certain mécontentement du présent. Est-ce que, sur bien des points, et malgré les merveilleuses applications de la science, les conditions de la vie seraient actuellement inférieures à celles d'autrefois ? Il y a, dans cette fin de siècle, comme une désillusion ; et cela est très vrai, au point de vue intellectuel au moins : il ne s'agit pas ici de la « Banqueroute de la Science » ; mais, peut-on expliquer autrement la faveur qui s'attache aux restitutions d'une époque que bien des esprits désabusés voudraient pouvoir recommencer ?

L'histoire de nombreuses grandes villes justifierait un travail de cette nature ; et, spécialement pour Marseille, — qui a 2500 ans d'existence, — cette reconstitution du passé embrasserait bien des périodes diverses de l'humanité. — Ce serait donc un tableau du plus grand intérêt ; mais je n'ai pas l'intention d'entreprendre un tel effort, auquel de plus compétents que moi sont nécessaires. Mon but est simplement, d'ajouter, à tout ce qui a été écrit si souvent sur cette ville importante, un chapitre concernant spécialement l'état des Sciences, des Lettres et des Arts à Marseille à la fin du siècle dernier, au moment où l'esprit humain, s'affranchissant de lisières séculaires, s'élançait dans des voies nouvelles. J'ai pensé qu'il serait intéressant de rappeler quelle y était, en 1789, la situation à ce point de vue spécial, pour qu'on puisse la comparer à ce que la routine, le défaut d'initiative privée, ou les préoccupations matérielles, résultat de la lutte pour la vie, ont produit de nos jours.

Circonscrit sur ce terrain, mon travail intéressera peut-être ceux qui sont curieux des détails concernant notre ville ; et d'ailleurs, n'est-ce pas de cet ensemble des Sciences, des Lettres et des Arts que résulte en partie la physionomie morale d'une grande cité ?

Je rappellerai tout d'abord que sans compter les savants et les artistes de profession qui, dès l'antiquité, firent de Marseille le foyer des lettres et des arts au milieu des peuples de la Gaule, il y a toujours eu dans cette ville, — qui était cependant commerçante avant tout, — un groupe, important parfois, d'hommes de goût, de science et d'étude, qui, tout en dirigeant de grandes affaires commerciales, occupaient leurs loisirs à entretenir l'antique renom de la sœur d'Athènes, de l'émule de Rome ; et leurs fondations répandaient dans le peuple le goût des Sciences, des Lettres et des Arts bien plus efficacement qu'on ne le fait de nos jours.

Je citerai comme preuve caractéristique l'Ecole publique *et gratuite* de chirurgie, ouverte en 1779 sur l'initiative du Collège des Chirurgiens, et l'Ecole d'Hydrographie, instituée pour les jeunes gens qui se destinaient à la navigation. — Actuellement, nos étudiants en médecine doivent payer leurs inscriptions à l'Ecole de plein exercice ; et ce n'est qu'en août 1892, que l'on a créé des cours à l'Ecole supérieure de Commerce de Marseille pour les jeunes gens qui veulent être capitaines marins ; — mais ils ne sont pas gratuits.

Il y avait donc, avant la Révolution, plus de gratuité qu'aujourd'hui dans l'enseignement ; et l'on voit que nos pères s'occupaient de l'instruction du peuple beaucoup plus qu'on ne le croit généralement.

Le cadre de ce travail ne me permet pas de montrer combien étaient cultivées dans notre ville les Sciences, les Lettres et les Arts, à la Renaissance, ni même au Moyen-Age, ni surtout à l'époque romaine, alors que Cicéron disait de Marseille que « *omnes instituta ejus laudari facilius possunt quam æmulari;* » je dois me borner à tracer sous ce point de vue le tableau de Marseille à la fin du siècle dernier ; et les Marseillais auront quelque fierté à constater que si notre ville, d'origine phocéenne, fut la première à donner à Rome le goût des lettres grecques; si elle conserva toujours dans leur pureté, ainsi que l'affirme Varron, la langue grecque et la langue latine, qui se parlaient à Marseille aussi couramment que le Gaulois (1) ; si elle a toujours eu des philosophes, des orateurs, des grammairiens, — elle n'a pas dégénéré dans les siècles suivants. La ville qui, la première, put donner une édition d'Homère sur celle qu'Aristote et Anaxarque avaient revue par ordre d'Alexandre, et sur laquelle se sont basées toutes les éditions ultérieures, la ville qui a donné plus tard naissance à Dumarsais, à Puget, le Michel Ange français, à Thiers, l'historien national, à Reyer, l'auteur inspiré de *Sigurd* et de *Salammbô*, cette ville n'a jamais menti à son origine ni à ses traditions. Il y aurait une foule

---

(1) Les Marseillais devaient encore user également de ces trois langues du temps de St-Jérome, puisque ce Père de l'Eglise rapporte lui-même, en la confirmant, l'observation de Varron. (Voir son commentaire sur l'*Epitre aux Galates*, ch. 3.)

de noms à citer qui, à toutes les époques, se sont illustrés à Marseille, pour le plus grand honneur de leur ville natale et du pays tout entier, — sans compter des savants, des orateurs et des artistes plus modestes et moins connus, mais dont le mérite était cependant incontestable, puisque l'Académie de Marseille, fondée en 1726 par quelques-uns d'entr'eux, obtint aussitôt le privilège unique de l'affiliation à l'Académie Française, dans une séance mémorable que présidait Fontenelle.

Cependant, je ne veux esquisser que le tableau des Sciences, des Lettres et des Arts à Marseille au déclin de l'Ancien Régime ; à une époque où, sans vouloir médire de notre temps, on pourrait peut-être affirmer que l'amour des Lettres et le sens artistique étaient plus généralement répandus qu'aujourd'hui.

Bien qu'il y ait de nombreuses subdivisions dans ce vaste domaine de l'intelligence, je me bornerai à indiquer sept grandes divisions : Les *Écoles*. — Les *Bibliothèques*. — Les *Collections publiques et particulières*. — Les *Académies*. — Les *Théâtres*. — L'*Imprimerie* et la *Librairie*. — Les *Journaux*. — Chacune d'elles offrira, je crois, un intérêt spécial.

CHAPITRE PREMIER

Les Ecoles

Descendants des Phocéens qui, sous la domination Romaine, avaient porté si haut l'étude des lettres (1), les Marseillais ne pouvaient manquer de créer des écoles pour que la jeunesse y continuât les traditions studieuses et littéraires de la population. Aussi, ces établissements étaient-ils nombreux ; il y avait :

Les petites écoles, pour le premier âge.

L'enseignement primaire, pour les garçons et pour les filles.

L'enseignement secondaire.

L'enseignement spécial, pour ceux qui se destinaient à la Théologie, à la Médecine, ou à la Navigation.

§ 1. LES PETITES ECOLES.

C'est à l'initiative des évêques qu'étaient généralement dûs ces établissements : l'Église, fondée par celui qui avait dit : « Laissez venir à moi les petits enfants, » ne pouvait qu'avoir la plus grande sollicitude pour l'enfance ; et, à Marseille comme dans les autres villes du royaume, c'est elle seule qui créa l'instruction populaire.

(1) Voir à l'introduction, la page 8.

Dès le v⁵ siècle, l'abbaye de Saint-Victor avait ouvert des écoles pour la première enfance. Jusqu'à la dispersion de ses membres, elle les entretint avec la plus grande vigilance, y enseignant l'écriture, la grammaire, la musique ; presque toutes les paroisses de la ville voulurent, dès lors, avoir, elles aussi, leurs petites écoles, dont la surveillance était laissée par l'autorité civile aux évêques diocésains.

Le Synode de 1712, sous la présidence de Monseigneur de Belzunce, — évêque depuis 1709, — avait prescrit tout ce qui était nécessaire pour l'instruction, les bonnes mœurs, et l'interdiction de la concurrence entre les diverses écoles. Cet ensemble fut couronné par la rédaction d'un catéchisme qui est resté en vigueur dans le diocèse de Marseille jusqu'en 1850.

Monseigneur de Belloy, monté sur le siège épiscopal en 1756, publia en 1779 un nouveau règlement qui fut aussitôt homologué par le parlement d'Aix. A cette époque, Marseille comptait 42 écoles pour les garçons et 60 pour les filles. La population ne s'élevait pourtant qu'à 80,000 âmes environ. Ces 102 écoles étaient donc une proportion bien forte : aussi le règlement prescrivait-il que chaque école devait être séparée d'une école voisine par vingt mètres au moins si elles se trouvaient dans la même rue, ce qui se produisait souvent, Marseille étant confinée alors dans ce que nous appelons aujourd'hui la vieille ville, du quai du Port aux Moulins, et de la Joliette à la rue Malaval.

L'ouverture de nouveaux quartiers sur les terrains de l'Arsenal, fit s'élever le nombre des petites écoles à 47 pour les garçons et 81 pour les filles, dans les cinq paroisses de la ville et des faubourgs ; sur ces 128 écoles, 8 seulement étaient dirigées par des ecclésiastiques. On y enseignait, en 1789 :

La lecture,
L'écriture,
La grammaire,
L'arithmétique,
Le catéchisme et un peu de latin.

Toutes ces écoles étaient payantes jusqu'à la fin du XVII° siècle : mais, en 1704, et grâce à des souscriptions annuelles, y compris celle de la Commune, il y en eut de gratuites ; la première école gratuite fut créée par le curé de Saint-Laurent (l'abbé Antoine Giraud) avec le concours de M. de Lambert, gouverneur du fort Saint-Jean. Le nombre s'en augmenta bientôt, car l'année suivante, en 1705, après une station quadragésimale prêchée à Marseille par le Père Croizet, jésuite, Monseigneur de Vintimille s'entendit avec le vénérable J.-B. de la Salle, fondateur de l'Institut des Frères des Ecoles Chrétiennes, pour ouvrir une deuxième école gratuite, qui compta aussitôt un grand nombre d'élèves.

On voit bien là l'action continue de l'Eglise en faveur de la propagation de l'instruction. Les Frères donnèrent à l'évêque un concours empressé, et, sous Monseigneur de Belzunce, ils acquirent en 1720 de nouveaux titres à la reconnaissance de la cité par leur dévouement héroïque durant la peste qui désola Marseille.

Aussi, après la cessation du fléau, les échevins voulurent-ils doter d'une école gratuite de Frères chacune des paroisses de notre ville, et celle des Accoules reçut bientôt à elle seule 500 élèves.

Leur communauté, qui se composait de 16 Frères, était logée au n° 18 de la rue de La Roquette. En 1739, le Roi assignait à l'école de Saint-Laurent une pension annuelle de 300 livres, à prendre sur le Trésor royal. De leur côté, de généreux citoyens léguaient des immeubles ou des sommes d'argent destinés à entretenir diverses écoles. Aussi, les frères des Ecoles Chrétiennes se montraient-ils de plus en plus dévoués à une population qui leur donnait de tels témoignages de gratitude.

En 1779, les cinq écoles paroissiales étaient dirigées par 17 frères, et comptaient 1254 élèves; mais, en 1792, la Révolution dispersa les écoliers, et chassa les Frères, dont les immeubles furent vendus comme biens nationaux. Le T. C. frère Directeur était, à ce moment, le frère Gontran qui, né à Grenoble en 1728, ne mourut que vers 1820.

L'éducation des filles n'avait pas été moins favorisée que celle des garçons, et même la gratuité avait, pour elles, précédé de six années la création de l'école de Saint-Laurent pour les garçons, puisque dès la fin du xvii° siècle, Monseigneur de Vintimille avait créé deux écoles gratuites sous la direction de deux sœurs de la congrégation du Saint-Enfant-Jésus, qui était installée dans une maison appartenant à M. Barrigue de Fontainieu, près de l'église des Grands Carmes.

Sous Monseigneur de Belzunce, ces mêmes religieuses dirigèrent sept écoles de filles dans la ville, et une huitième dans la banlieue, à Saint-Marcel. Leur communauté s'était accrue en proportion, et en 1786 le Conseil de ville fit l'acquisition, au prix de 10,000 livres, de l'immeuble Barrigue de Fontainieu, pour l'offrir aux Sœurs ; mais elles ne jouirent pas longtemps de ce don car, en 1791, ayant refusé de prêter le serment constitutionnel, elles furent chassées de Marseille et leur immeuble fut vendu comme bien national.

§ 2. L'Enseignement primaire et secondaire.

Comme pour les petites écoles, c'est aux communautés religieuses et au clergé séculier, aidés plus tard par la municipalité, que furent dûs les établissements d'instruction primaire et secondaire à Marseille. Il en existait quatre importants, en 1789, pour les garçons : Le collège Belzunce ou des Jésuites, le Collège de la Ville, le Petit Séminaire du Sacré-Cœur, le Pensionnat des Frères — et plusieurs pensionnats de jeunes filles.

Fondé vers le xiv° siècle, le *Collège de la Ville* obtint, en 1571, des lettres patentes du Roi, et l'enseignement y fut dès lors donné sur le même pied que dans les collèges de Paris. Il comprenait les belles lettres, la rhétorique, la philosophie, le Grec et le Latin. Sauf aux heures de récréation, les élèves étaient tenus de s'exprimer dans cette dernière langue. La ville donnait annuellement pour le traitement du Principal et des professurs 2.045 livres, qui furent portées à 2.400 en 1625 quand ce collège fut confié aux prêtres de la congrégation de l'Oratoire, récemment fondée. Mascaron, devenu évêque d'Agen, dota d'une rente de 62 livres 10 sols, ce collège où il avait été élevé.

Mais la résistance des pères de l'Oratoire, en 1718, à la Bulle *Unigenitus* fit craindre à Monseigneur de Belzunce que la jeunesse studieuse de Marseille fût fatalement vouée à l'erreur. Le saint Evêque sollicita alors du roi Louis XV l'autorisation d'ouvrir un autre collège dont il confia la direction aux pères Jésuites, et que ceux-ci installèrent dans leur propre maison de la rue Saint-Jaume, en 1727. Les élèves y affluèrent, au détriment de l'Oratoire qui, de 250 en moyenne, vit le nombre des siens tomber à 88 en 1749, pour ne se relever que lorsque les Oratoriens eurent déclaré accepter la bulle de Clément XI.

Ce fut le signal de la décadence du *Collège Belsunce*, ou des *Jésuites*, car le collège de la ville reprit peu à peu sa prospérité première ; et il la retrouva entièrement en 1763, après l'expulsion des Jésuites, dont le local, confisqué, fut attribué à la Commune, — ainsi que tous leurs autres immeubles, — et affecté au collège municipal.

M. Jacques de Matignon, abbé de Saint-Victor, et ancien évêque de Condom, avait fondé dans ce collège treize bourses d'élèves internes ; elles étaient décernées au concours ; et, à mérite égal, le candidat marseillais était préféré. Quant à l'externat, il était *gratuit*, pour tous les enfants, sans distinction.

C'est en 1792 que fut fermé ce collège d'où étaient sortis de nombreux élèves fort distingués, tels que Mascaron, Massillon, le grammairien Dumarsais, le botaniste Peyssonnel, Barthe, auteur des *Fausses infidélités*, l'abbé Barthélemy, Portalis, etc.

Le *Petit Séminaire du Sacré-Cœur* avait été fondé en 1747 par cette pieuse communauté avec l'autorisation de Monseigneur de Belzunce. Il recevait de jeunes élèves qui se destinaient à l'état ecclésiastique, et la pension y était de 250 à 300 livres par an : mais les jeunes gens pauvres y étaient élevés gratuitement, pourvu toutefois qu'ils appartinssent au diocèse. Après l'expulsion des Jésuites, on y admit des externes. L'enseignement se bornait à la philosophie et à la théologie.

Les prêtres du Sacré-Cœur furent expulsés le 16 juin 1791.

Enfin, le *Pensionnat des Frères*, qui était situé rue de la Roquette, n'avait rien de commun avec les écoles publiques qu'avaient ouvertes ces mêmes Frères des Ecoles chrétiennes : Fondé en 1728, sur la demande de la municipalité elle-même, et avec l'agrément de Monseigneur de Belzunce, il prit aussitôt une importance telle qu'on reconnut la nécessité de le transférer dans un vaste local, près de Saint-Victor, où pourraient trouver place la bibliothèque et les collections des Frères. Ce transfert fut approuvé par lettres patentes du Roi en 1757.

Les élèves affluaient de tous les points de l'Europe dans ce pensionnat renommé : il en venait de l'Espagne, de la Grèce, du Levant et même de l'Amérique du Nord. Les familles appréciaient l'enseignement donné par ce collège qui préparait aux carrières commerciale et industrielle les jeunes gens, après qu'ils avaient terminé leurs études classiques. On leur enseignait les langues vivantes, les mathématiques, la mécanique, la cosmographie, la direction des navires, le dessin, la musique et l'escrime. C'était un véritable enseignement professionnel.

Cependant, malgré les services qu'ils rendaient depuis près d'un siècle à la jeunesse, le Conseil municipal décida, le 27 mars 1792, que les Frères céderaient leur établissement à la ville. On y installa un instituteur purement laïque; mais la très grande majorité des élèves fut retirée et, sur 105 pensionnaires, il n'en resta qu'une quarantaine qui se dispersèrent d'eux-mêmes lorsque, sous la Terreur, l'établissement eût été converti en maison d'arrêt.

Quant aux pensionnats de jeunes filles, ils étaient au nombre de neuf, tous sous la direction des communautés religieuses. Il n'y avait que 270 élèves, vers 1789, dans ces neuf établissements; mais ce petit nombre trouve son explication d'abord dans la prudence extrême avec laquelle on les recrutait, et ensuite dans la préférence que donnaient les parents à l'éducation de la famille et par la famille; c'est la mère qui formait l'esprit et le jugement de ses filles; et si celles-ci avaient peu de savoir, elles devenaient, du moins, d'excellentes femmes d'intérieur.

§ 3. L'Enseignement spécial.

Les jeunes gens qui avaient fait de bonnes études dans les établissements que nous venons d'énumérer, recevaient dans des Instituts spéciaux l'enseignement spécial aux diverses carrières libérales ou scientifiques auxquelles ils se destinaient. Ces Instituts étaient :

Le Grand Séminaire de la Mission de France,
La Chaire de Théologie des Jésuites,
L'Ecole de Saint-Thomas,
    » de Chirurgie,
    » des Chirurgiens naviguants,
    » d'Hydrographie,
    » de Peinture, Sculpture et Architecture.

Le *Grand Séminaire de la Mission de France* avait été fondé en 1656 dans l'établissement même que Saint-Vincent-de-Paul avait créé à la Mission de France et qui comprenait aussi un petit Séminaire. Ce collège spécial devint bientôt le plus important de cette communauté, après ceux de Rome et de Paris ; il était ouvert du 4 novembre au 1ᵉʳ juillet et l'on y enseignait la théologie morale et scholastique, l'éloquence sacrée etc. De nombreuses bourses y furent successivement créées grâces aux libéralités de Mgr de Forbin-Janson et de Mgr de Belsunce, ainsi que de Mgr Matignon, abbé de Saint-Victor, ancien évêque de Condom.

Cet institut, si précieux pour les jeunes gens qui

avaient la vocation ecclésiastique, fut fermé à la Révolution ; mais c'est en souvenir des services qu'avaient rendus au siècle dernier les fils de Saint-Vincent-de-Paul, que Mgr Cruice, évêque de Marseille, confia de nouveau, en 1862, la direction du Grand Séminaire aux Pères Lazaristes, qui l'exercent encore aujourd'hui avec succès.

La *Chaire de Théologie des Jésuites* comprenait trois cours de philosophie positive et morale. Installé à la rue Saint-Jaume, cet établissement paraît avoir eu, plus que le Grand Séminaire, les sympathies de la Commune, car les échevins lui avaient alloué (27 janvier 1689) une subvention annuelle de 900 livres.

En 1695, le Roi donna aux Jésuites la maison de Sainte-Croix qui était une ancienne fonderie. La chaire de théologie y fut aussitôt transférée, et lors de la suppression de la Compagnie de Jésus, elle était dans la maison Rigord, que Mgr de Belsunce avait achetée et donnée en annexe de la maison Saint-Jaume.

Nous verrons dans le cours de ce travail (1) que les Jésuites avaient établi dans leur maison de Sainte-Croix l'Observatoire de la Marine et, à leur rentrée en France, ils reprirent en partie la direction de l'enseignement scientifique à Marseille.

L'*Ecole de Saint-Thomas* était le plus ancien établissement d'instruction secondaire et spécial dans

(1) Voir page 48.

notre ville, car elle était dirigée par les Dominicains, qui s'étaient établis à Marseille dès le commencement du XIII° siècle. Ils enseignaient la théologie et la philosophie, et conféraient des grades universitaires, tant séculiers que réguliers, comme leur en avait donné le droit le Pape Clément XII.

L'*École de Chirurgie*, créée en 1769, avait quatre professeurs, qui traitaient des principes de la chirurgie, de l'ostéologie, des maladies des os de l'anatomie et des opérations sur les cadavres, ainsi que de la matière médicale.

Ces cours, qui avaient lieu dans le Couvent des Dominicaines, étaient publics et *absolument gratuits*. La municipalité qui contribuait volontiers à l'entretien de cette école, fit construire, en 1779, un amphithéâtre dans l'Hôtel-Dieu, et adjoignit, en 1787, un cours d'accouchement, portant ainsi à cinq le nombre des professeurs.

Ceux-ci étaient pris dans le collège des chirurgiens, qui siégeait dans ce même couvent des Dominicains. La suppression de ce collège, sous la Révolution, entraîna la fermeture de l'École. La République jugeait bien superflu l'étude de la médecine et de la chirurgie : pour elle, une seule maladie était à observer, le Royalisme ; et elle la traitait bien radicalement, — par la guillotine.

Aux termes de l'Ordonnance de la Marine de 1681, chaque navire faisant un voyage de long-cours devait avoir un ou deux chirurgiens à son bord, suivant l'importance de son équipage et le nombre de couchettes pour passagers. Marseille, le premier port de France, eut donc une *Ecole des chirurgiens navigants*, qui fut installée dans le pavillon de l'Hôpital des galères. M. de Joyeuse fils, médecin de la marine, y enseignait la médecine pratique, et M. Boinet, chirurgien aide-major, occupait la chaire de démonstrations chirurgicales.

Là encore, les cours, qui avaient lieu tous les jours sauf le samedi et le dimanche, étaient publics et *gratuits*; ils étaient suivis par un assez grand nombre de jeunes gens qui se destinaient à la médecine navale : sans quitter leurs familles et sans leur occasionner le moindre sacrifice, ils pouvaient acquérir la science et le grade qui leur étaient nécessaires pour entrer dans cette carrière spéciale.

Un besoin analogue avait fait créer une *Ecole d'Hydrographie* dans les ports principaux du royaume, conformément, d'ailleurs, à l'ordonnance de 1681 ; celle de Marseille était dirigée par un seul professeur dont le cours avait lieu dans la maison qu'il occupait, rue Caisserie, et embrassait tout ce qui se rattache au pilotage comme à la navigation. Il examinait les candidats au grade de capitaine au long-cours ou de maitre au cabotage. En 1780, le professeur royal d'hydrographie fut chargé d'un cours supplémentaire affecté aux enfants de la Charité, dans l'Hôpital général. Il leur enseignait l'hydrographie et le pilotage, dont les éléments avaient été l'objet, en 1733, d'un excellent traité publié chez Bon par le P. Pezenas, de la Compagnie de Jésus, qui avait aussi fait paraître, en 1742, chez Siblé, imprimeur, une *Méthode pour le jaugeage des segments des tonneaux.*

L'École de Peinture, de Sculpture et d'Architecture avait été créée en 1753 par une société, dont le but était de répandre et développer le goût des Beaux-Arts à Marseille. J'en parlerai plus longuement (1) au chapitre des Académies. — Cette École fut d'abord une simple école publique et *gratuite* de dessin d'après le modèle et la Commune apprécia bientôt l'utilité de cette création en lui octroyant, dès 1756, une subvention de 3,000 livres.

L'École prit, dès lors, les allures d'une Académie : on lui donnait même indifféremment le titre d'École académique et celui d'Académie. Elle ne comptait pas moins de 18 professeurs ayant à leur tête un directeur choisi parmi les membres de l'Académie royale de Paris, et qui enseignaient le dessin, l'architecture navale, la géométrie, la mécanique, la perspective, l'anatomie (l'hiver, sur le cadavre ; l'été, sur le squelette).

Onze prix étaient décernés annuellement, et en séance solennelle, aux lauréats des diverses classes : ils consistaient en deux médailles d'or et neuf médailles d'argent, pour la plupart fondées par les

(1) Voir page 63.

membres agrégés ou académiciens, dont le nombre était illimité.

En 1780, Louis XVI autorisa la Ville à porter l'allocation annuelle à 4,000 livres.

L'Académie de peinture s'installa, dès lors, dans un vaste immeuble situé aux allées de Meilhan, vis-à-vis le couvent des Lyonnaises, et l'on put y organiser des expositions qui attiraient les étrangers.

Vers les dernières années du siècle, l'esprit public étant devenu hostile à tout ce qui était sous l'autorité immédiate du Roi, quelque bienfait qui en fût résulté, on voulut introduire dans l'administration de l'École, aussi bien que dans son enseignement, des réformes qui furent suivies d'excès : la ruine de cette institution en fut la conséquence. Puis, en 1793, tout fut dispersé : tableaux, professeurs, élèves, bibliothèque : il n'y eut plus rien.

CHAPITRE II

Bibliothèques monastiques et particulières

Nous venons de voir quel fut le développement de l'instruction sous l'ancien régime, et quelle heureuse influence exerça l'Eglise sur la culture intellectuelle de la population marseillaise. On a pu se convaincre aussi, dans les pages qui précèdent, que la gratuité de l'Enseignement dans notre ville ne date pas de la Révolution : Grâces à l'instruction qui était abondamment fournie par des établissements nombreux, le goût des livres s'y est toujours maintenu ; et ce n'est pas seulement dans les couvents que l'on voyait de riches bibliothèques, mais les particuliers en possédaient aussi de fort belles. Dès le moyen-âge, les manuscrits abondaient chez certains bourgeois, surtout chez les médecins et les professeurs. César Nostradamus assure que, de leur côté, les plus nobles familles de Provence tenaient à grand honneur la possession de quelques livres, et que « cet héritage « n'était pas très ordinaire parce que telle librairie de « cette estoffe coustait une grande somme d'argent. »

Malgré leur rareté et leur prix très élevé, les Evêques en réunissaient aussi le plus possible. Ruffi nous dit que Raymond de Soliers, évêque de Marseille en 1122, pourvut l'Eglise cathédrale d'une

Bibliothèque (multos libros). Parmi ses successeurs, Jean Gasqui (1344), Guillaume Sudre (1364), Paul de Sade (1433) et d'autres encore, suivirent son exemple, de même que Bérenger de la Roche, — professeur dans les deux Droits et en Théologie, — dont la bibliothèque était la plus riche de Marseille à la fin du XV° siècle. En dehors des ouvrages de piété, de droit canon et de théologie, on y voyait ceux de Pline, le naturaliste ; de Justin, etc. — Mais, pour donner une idée de la rareté des livres en ces temps reculés, il me suffira de dire que cette Bibliothèque, prodigieuse pour l'époque, ne contenait pas plus de cent volumes ; il est vrai que le prix en était considérable (1) ; aussi, en les léguant à la Cathédrale, dont il était sacristain, Bérenger de la Roche avait-il prescrit pour leur conservation les mesures les plus rigoureuses : ils devaient tous être retenus par une chaine : *concatenentur in libraria capituli.*

Après l'invention de l'imprimerie, le nombre des livres augmenta rapidement, et il y eut à Marseille des bibliothèques encore plus nombreuses et plus riches. Celle de la célèbre abbaye de St-Victor fut malheureusement emportée à Paris, dès le XVI° siècle, par Catherine de Médicis qui se l'était appropriée avec la connivence de son parent, Julien de Médicis

(1) Guillaume Ribotti, évêque de Vence, où il mourut en 1287, avait légué à l'abbaye de Saint-Victor, de Marseille, tous les volumes qu'il possédait, à l'exception de son Bréviaire, qui devait être vendu, et dont le prix devait servir à acheter des terres (*ad emendas possessiones.*) — *Gallia Christiana*, III.

(abbé de St-Victor de 1570 à 1586). C'est M. Mortreuil qui a affirmé ce fait, tandis que, suivant Augustin Fabre, ce fut Richelieu qui se fit offrir cette importante collection de livres, comme il s'était fait déjà donner par la Ville une superbe pierre de jaspe que l'évêque Paul de Sade (de 1405 à 1433) avait fait poser au-dessus du grand portail de la cathédrale. — C'étaient là jeux de princes. — Il est probable que tous ces livres, qui passèrent plus tard dans la Bibliothèque du Roi, sont aujourd'hui à la Bibliothèque Nationale.

Il n'y avait cependant pas de bibliothèques publiques à Marseille, en 1789 ; mais les divers ordres religieux permettaient aux savants de consulter celles qui avaient été formées patiemment par leurs prédécesseurs et par eux-mêmes. La bibliothèque de Ste-Marthe contenait 8,000 volumes et beaucoup de manuscrits précieux. Chez les Minimes, on conservait, avec 4,000 volumes environ, les manuscrits du P Plumier, botaniste distingué, et ceux du P. Feuillée, qui avait été directeur de l'Observatoire. Celle des Capucins contenait 7,000 volumes. En Rive-Neuve, les Frères des Ecoles Chrétiennes avaient formé, dès leur installation, une bibliothèque importante en histoire, géographie, atlas, dictionnaires, sciences mathématiques et naturelles, encyclopédie, équations, calcul intégral, résistance des fluides, électricité; calcul différentiel, trigonométrie, marine, manœuvre des vaisseaux, annales de l'Académie des Sciences et des Inscriptions, le Commerce et la Navigation, dessins, riche cabinet de physique et d'instruments de mathématiques. Ce magnifique ensemble donne une idée de la force des études et de la science des professeurs dans cet établissement où les fils de famille venaient compléter leur éducation commencée chez les Jésuites ou les Oratoriens (1).

Chaque maison religieuse avait, d'ailleurs, sa bibliothèque, plus ou moins importante, plus ou moins riche ; car un cloître sans livres, disait-on, est une forteresse sans arsenal. *Claustrum sine armario, quasi castrum sine armamentario* (2).

On citait encore celle des Chartreux, celle du Bon Pasteur ou du Petit Séminaire — dont l'origine était un legs de la riche bibliothèque de l'abbé Aillaud (de l'Académie) — et bien d'autres.

Quant aux particuliers, ils se faisaient de même un plaisir, dit Grosson, de montrer leurs bibliothèques aux savants et aux littérateurs qui en faisaient la demande. Celle de M. Philip était renommée pour la beauté des reliures et les éditions rares ; elle était conservée dans un corps en bois d'acajou artistement travaillé. M. Michel de Léon, qui avait été Trésorier de France ; Laurent Gravier, l'antiquaire ; Lejourdan, conseiller de l'Amirauté ; J.-B. Barbarin, et autres bibliophiles assez riches pour satisfaire leurs goûts,

(1) Dont la bibliothèque était celle de Mgr J.-B. Gault, le saint évêque de Marseille, qui la leur légua en 1643.
(2) *Thesaurus anecdotorum* de Martene 1, page 502. — Le lieu qui contenait les livres était plus souvent désigné par le mot *armatorium* que par celui de *bibliotheca*.

réunissaient à grands frais des livres rares et curieux. Le docteur Lemasson, M. Borelli, M. Long, augmentaient journellement leurs bibliothèques. On cite encore celle du docteur Raymond, qui fut achetée 3,200 livres par les frères Mossy, libraires éditeurs.

Enfin, l'Académie des Sciences, Lettres et Arts de Marseille avait hérité, en 1782, de la plus riche partie de la bibliothèque de M. l'abbé de Porrade (Paul Augustin, 1695-1782) qui avait été, en 1721, l'un des fondateurs de ce corps savant et qui légua en outre à ses confrères plusieurs instruments de physique d'un très grand prix. D'autres académiciens firent comme lui, et les richesses de l'Académie — y compris son cabinet d'histoire naturelle — donnaient à cette célèbre compagnie un renom que justifiait aussi le mérite de ses membres.

C'est l'importante bibliothèque de l'Académie qui, réunie à toutes celles des maisons religieuses supprimées durant la Révolution, forma la Bibliothèque publique de Marseille. Installée en 1799 dans l'ancien couvent des Bernardines (aujourd'hui le Lycée), celle-ci a été transférée, en 1881, dans le magnifique monument élevé au boulevard du Musée par l'architecte Espérandieu.

On ne citerait plus, aujourd'hui, chez les particuliers surtout, d'aussi belles collections de livres que pouvaient en montrer nos pères. Le négoce n'absorbait pas tous leurs loisirs : leur esprit se fortifiait et s'élevait par la lecture des chefs-d'œuvre de la littérature ou des livres de science, et ils apportaient ainsi dans la direction de leurs affaires commerciales une intelligence cultivée. Leur bon sens, la finesse et la sûreté de leur jugement ne pouvaient que s'en accroître. — De nos jours, on aime encore les livres ; mais le plus souvent c'est d'un amour curieux, qui recherche l'édition, la reliure, la forme, en un mot, plus que le fond; nous ne considérons plus les livres — et les bons livres — comme une chose absolument nécessaire, ainsi qu'on la considérait au siècle dernier. — Les revues, les romans et le journal ont tué le Livre...

CHAPITRE III

Les collections artistiques, publiques et particulières

L'une des passions inhérentes à l'humanité a, de tout temps, été celle des objets curieux, du « Bibelot », suivant le terme adopté aujourd'hui. Annibal conservait pieusement dans sa collection une statuette d'Hercule, de Lysippe, et d'une valeur inappréciable, que le maître lui-même avait donnée à Alexandre le Grand. Suétone nous apprend que César était un acheteur intrépide d'antiques, et M. Edm. Bonnaffé, le savant rédacteur de la *Gazette des Beaux-Arts*, nous a cité les principaux *Collectionneurs de l'Ancienne Rome*, et ceux de l'*Ancienne France*. Les amateurs de beaux tableaux, de bronzes de prix, d'orfèvrerie artistique, n'ont jamais manqué, à Paris comme dans la province, et, grâces surtout au voisinage de l'Italie, notre région n'était pas en retard sur le reste du pays.

C'est un gentilhomme provençal, Rascas de Bagarris, antiquaire fort distingué, né à Aix, que Henri IV plaçait à la tête de son cabinet de médailles, à Fontainebleau. Plus tard, et sans parler de Peiresc, dont les courtiers parcouraient le monde entier pour alimenter ses collections, je citerai un autre antiquaire provençal moins connu, Antoine Agard, orfèvre à Arles, qui possédait un cabinet des plus riches dont il nous a laissé l'inventaire, publié à Paris en 1611. Ce petit livre est dédié à Monseigneur du Vair, premier Président au Parlement d'Aix, et qui était lui-même un collectionneur émérite.

Marseille possédait aussi un grand nombre de *curieux*, dont les collections étaient visitées par les étrangers de passage. On me permettra de rappeler que j'ai détaillé à propos d'*Un quiétiste marseillais* (1) l'inventaire de Jehan Malaval (1666), qui comprenait des statues de marbre, des tableaux, des pièces d'orfèvrerie de la Renaissance. Les couvents et les particuliers possédaient de nombreux objets d'art dont la nomenclature serait bien longue ; on en voit une partie dans l'*Almanach historique* publié par Grosson de 1770 à 1790. L'Hôtel de ville, l'Académie, la Cathédrale, les églises, les nombreux couvents, l'Observatoire, l'Arsenal, contenaient des marbres, des tableaux, des curiosités de tout genre, la plupart disparus aujourd'hui. Mais le musée de Longchamp possède quelques uns de ces tableaux : nous avons encore le fameux bas-relief de Puget qui est à la Consigne (*la Peste de Milan*), vendu moyennant 2.000 livres et une pension de 500 livres à l'Intendance sanitaire par Paul Puget, petit-fils du célèbre artiste.

Nous avons aussi l'écusson des armes du roi, de

---

(1) Marseille, 1893. — Typographie et Lithographie Barlatier et Barthelet.

Puget également, qui décorait la porte principale de l'Hôtel de Ville, et que l'on a relégué il y a quelques années dans un hangard au château Borély... Enfin, les divers tableaux de Puget, de Serre, et autres, qui, provenant d'anciennes galeries, sont au musée ou chez des particuliers, démontrent quel était le goût de nos ancêtres pour les objets d'art. L'intéressant ouvrage de M. Octave Teissier sur *Les Anciennes Familles de Marseille* indique quelles richesses étaient accumulées dans les hôtels de certains d'entr'eux.

La plus importante collection de tableaux était celle de Guillaume de Paul, récemment léguée à la Ville de Marseille par sa petite nièce M™ de Surian, veuve d'un député de Marseille sous Louis-Philippe. — M. de Paul, lieutenant civil de la sénéchaussée de Marseille aimait les arts : il consacrait chaque année une forte somme d'argent à l'achat d'une toile remarquable. En vrai Mécène, quand un artiste renommé passait par Marseille se rendant en Italie, il lui offrait l'hospitalité dans sa maison de la rue Grignan (1), il l'encourageait, le comblait de « politesses », et lui achetait toujours une toile de valeur.

Mais il n'était pas seul à honorer ainsi les arts et les artistes : Michel de Léon, trésorier général de France, conseiller du roi, — dont nous avons signalé la bibliothèque dans le chapitre précédent, — avait un

---

(1) Durant ces 30 dernières années, cet hôtel a réuni les services des Postes et Télégraphes. — Actuellement, il est occupé par les Commissaires-Priseurs.

des plus riches « cabinets » de l'époque ; et le savant Bernouilli, de Berlin, passant par Marseille en 1774, a énuméré dans ses *Lettres sur différents sujets*, les principaux tableaux, les médailles marseillaises, les estampes, etc., de cette remarquable collection.

M. Blanc, à La Calade, avait des tableaux et des dessins ; M. Darrigue de Fontainieu, des Rembrandt, des Guerchin, des Salvator Rosa, des Vernet. Un simple marchand de toiles peintes, M. Daignan, était possesseur d'une collection de tableaux, dessins et estampes, dont le choix lui faisait honneur. Grosson, l'auteur de l'Almanach, avait un cabinet d'idoles, d'instruments de sacrifice, et autres objets d'antiquité, parmi lesquels on distinguait la collection la plus variée des médailles frappées à Marseille, de même que celle de M. Gautier, ancien commissaire de la marine ; tandis que M. Poulhariès, écuyer, en avait une collection toute moderne mais complète, et qui formait l'histoire métallique de l'Europe.

M. d'Anjou, ancien officier de marine, possédait une collection de 80 modèles de vaisseaux. Chez M. Joseph Magnan l'on voyait, entr'autres objets d'art, le modèle d'une statue équestre de Louis XIV par Puget, et celui du *Milon de Crotone* que les connaisseurs estimaient supérieur au groupe de Versailles.

Le cabinet de M. Famin, négociant, rue de la Figuière, était célèbre par ses dessins de l'école italienne. Chez M. de Romagnac, c'étaient des instruments de physique très intéressants, qui passèrent plus tard en mains de M. Jacques Fraissinet.

Mais je citerai surtout le Château Borely, construit en 1768 par Louis Borely, négociant marseillais, pour montrer quel goût, quelle élégance et quel luxe nos pères apportaient dans l'ornementation de leurs demeures — et même de leurs maisons de campagne. — Alfred Saurel (1) a décrit ce château, acquis par la Ville de Marseille, il y a une quarantaine d'années, et qui renferme aujourd'hui l'important Musée Égyptien, légué par Clot-Bey, un marseillais célèbre qui devint le médecin et l'ami de Mehemet-Ali. Mais les anciens appartements de M. Borely sont restés tels qu'ils étaient au siècle dernier, et l'ameublement Louis XVI, les sculptures, tapisseries, les tableaux de la chapelle, l'escalier d'honneur, ne donnent encore qu'une faible idée des richesses artistiques qui avaient été accumulées dans cette simple " maison de plaisance ". On y voyait 14 toiles de Parrocel et son chef-d'œuvre, la *Vie de Tobie*, qui ornait auparavant la galerie de l'hôtel de Noailles, à Saint-Germain-en-Laye (Bernouilli II, 241), un bas-relief de Puget, des faïences marseillaises très artistiquement décorées, etc., etc.

Cette énumération est, certes, incomplète ; elle suffit cependant à démontrer que dans toutes les classes de la société on honorait à Marseille l'art et les artistes. Ce n'étaient pas seulement les grands seigneurs qui étaient accessibles aux beautés de l'art : des négociants, des administrateurs, de simples

(1) Notice historique. — Marseille 1886.

bourgeois cherchaient aussi à s'en procurer les jouissances. On reste confondu lorsqu'on parcourt à la Bibliothèque de la Ville les divers ouvrages, brochures et monographies, qui traitent des objets d'art répandus dans Marseille au siècle dernier, et dont le goût était entré dans les mœurs. Si, dans un livre (1) publié à Paris, en 1693, nous voyons 134 collections importantes citées pour la capitale, qui avait à peine le tiers de sa population actuelle, la proportion devait être au moins la même à Marseille qui, par le voisinage de l'Italie, pouvait s'approvisionner plus aisément de tableaux, statues, camées, etc.

Mais, combien d'amateurs ignorés, que de cabinets disparus! Les troubles civils, la Révolution, ignorante et impie, ont dispersé les galeries, anéanti une quantité d'objets d'art et de collections qui donnaient à Marseille et aux Marseillais un renom égal à leur réputation commerciale.

Une partie de ces trésors artistiques se retrouve encore aujourd'hui dans quelques collections particulières. On peut, en effet, citer de nos jours quelques collectionneurs marseillais ; mais ils sont moins nombreux qu'autrefois ; le bibelot a succédé aux objets vraiment beaux et curieux, et nous n'avons plus aujourd'hui dans nos églises, comme dans nos demeures, que la menue monnaie de ces richesses. La démocratie a nivelé — par en bas — la société ; ce qui est vraiment beau n'est plus recherché que par une élite, et la médiocrité déborde avec la démocratie.....

(1) De Blegny : *Livre Commode* pour l'année 1693.

CHAPITRE IV

Les Académies

Il était naturel que les Marseillais, qui savaient former tant de bibliothèques et réunir un aussi grand nombre de tableaux, de morceaux de sculpture, dessins, cabinets de médailles, d'histoire naturelle, etc., eussent l'idée de fonder des institutions ayant pour objet l'enseignement et la diffusion des lettres, des sciences et des arts. Aussi, pouvait-on citer, dans notre ville, de nombreuses Académies qui, encore à la fin du XVIII° siècle, donnaient à Marseille cette réputation de ville studieuse et amie des arts qu'elle avait eu déjà à l'époque Romaine (1).

Nous ne nous occuperons cependant que des Académies officielles, c'est-à-dire ayant obtenu par des lettres patentes l'existence officielle, ce qu'on appelle aujourd'hui « le caractère d'utilité publique » ; c'étaient :

L'Académie de Musique, fondée en 1717,
L'Académie des Belles-Lettres, fondée en 1726,
L'Académie de Peinture, Sculpture et d'Architecture

---

(1) Varron affirme que les Romains préféraient Marseille à Rhodes et à Athènes pour l'éducation de leurs enfants. — Amonius Gnypho, précepteur de Cicéron, était Marseillais.

civile et navale, fondée en 1753 ; et nous ajouterons à cette dernière l'Ecole des Beaux-Arts, qui fut sa création, et avec laquelle elle se confondit plus tard.

Nous parlerons sommairement de chacune de ces institutions utiles, en suivant l'ordre de leur fondation.

§ I. — L'Académie de Musique

Celle-ci était, en même temps que la plus ancienne, la plus célèbre peut-être, à cause des concerts qu'elle organisait l'hiver et auxquels assistait la meilleure société de la Ville. Aussi, l'appelait-on plus communément « Le Concert de Marseille ». C'est au Maréchal de Villars, gouverneur de Provence, qu'était due cette fondation intelligente, dont le but, disait l'Ordonnance Royale de 1719 qui en approuvait les règlements, était d' « occuper agréablement un grand
« nombre d'honnêtes gens sans être à la charge de la
« ville, et pour faire diversion au jeu qui causait des
« maux inouïs. »

Mgr de Belsunce, appréciant ce but si louable, fit célébrer l'inauguration de cette Académie par un *Te Deum* qui fut chanté solennellement à la Cathédrale.

Etabli dès l'origine dans un grand local de la rue Venture qui porte aujourd'hui le n° 10, « Le Concert » reçut en 1728 des lettres patentes qui lui donnèrent le caractère d'une institution d'utilité publique ; mais la Ville n'alloua jamais aucune subvention, et cette

Académie de musique n'avait pour toute ressource que les quotités de ses membres, — 60 livres qui, en 1789, furent portées à 75 livres. — Mais elle ne comptait pas moins de 350 membres, appartenant tous à la haute société de Marseille: c'était donc, à ce moment, un revenu de 26,000 livres environ, plus les abonnements aux concerts, qui étaient donnés à 6 heures du soir, le lundi et le vendredi. Durant la quinzaine de Pâques, on organisait, comme à Paris, des concerts "spirituels", dont le produit était abandonné à l'Hôpital de la Charité.

L'abonnement était de six livres pour la saison, et il faut reconnaître que c'était là un prix bien démocratique; il ne suffisait pas à couvrir les frais matériels, d'autant plus que l'Académie de musique s'attachait à ne donner que des concerts absolument remarquables autant par les œuvres interprétées (1) par

(1) On retrouve dans le journal de Beaugeard quelques programmes de ces concerts :
23 juillet 1792. — Symphonie de Pleyel à grand orchestre. — Ouverture et fragment du 1er acte d'*Iphigénie en Aulide*, de Gluck (M. Ville chantera le rôle d'*Achille*). — Ouverture à grand orchestre. — Air de bravoure, chanté par Mme Lemêlé, — Monologue d'*Atys*, de Lulli, chanté par M. Ville. — Grand chœur.
13 Août 1792. — 2e acte de *Céphale et Procris*. — Symphonie à grand orchestre. — Monologue d'*Atys*, redemandé. — *Hymne à la Liberté*, paroles de M. B..., musique de M. Rambert l'aîné, chantée par Mme Lemêlé et Mlle Moyer. — Terminée par un grand chœur.

l'orchestre, que par les interprètes eux-mêmes qui étaient choisis parmi les meilleurs sujets du grand théâtre d'opéra (1). Le corps des concertants était composé de 45 sujets.

De la rue Venture, « Le Concert » passa en 1766 à la place actuelle de la Bourse (alors appelée place de La Tour), et dont la municipalité avait cédé à l'Académie de musique la moitié qui envisageait la rue Vacon. On construisit là une superbe salle de concerts, au-dessus d'un rez-de-chaussée que le voisinage du port fit convertir en de vastes magasins à blé.

Pendant trente années encore, environ, le « Concert de Marseille » continua, dans ce bel immeuble (2), sa brillante carrière. L'Académie, d'ailleurs, ne négligeait rien de ce qui pouvait augmenter le plaisir et l'intérêt des amateurs : en outre des concerts réguliers, elle saisissait toutes les occasions qui se présentaient pour contribuer à l'éclat des fêtes publiques : la naissance des princes du sang royal, les victoires des armées françaises, la réception d'un personnage

(1) Sis alors sur l'emplacement où a été édifiée plus tard la halle Charles Delacroix. (Voir page 66.)

(2) Cette construction coûta 150,000 livres, qui représenteraient près de 500,000 francs aujourd'hui. La somme fut divisée en 300 actions de 500 livres chacune, qui furent souscrites par des amateurs en forme de tontine : les actions de chaque associé décédé devant passer aux survivants jusqu'au dernier, qui jouirait des revenus entiers. Et, après la mort de celui-ci, l'usufruit devait être joint à la nue-propriété, dont on forma dix lots qui furent attribués, par la voie du sort, à dix actionnaires. — (Aug. Fabre: *Les Rues de Marseille*, p. 180).

illustre étaient autant de motifs pour des concerts extraordinaires, et l'on cite surtout les grandes solennités musicales qui furent données le 15 mai 1720, en l'honneur de la duchesse de Modène, fille du Régent de France; le 5 avril 1742, pour Don Philippe d'Espagne; le 2 juillet 1777 pour le Comte de Provence, depuis, Louis XVIII.

La plus grande étiquette présidait à tous ces concerts : on ne s'y rendait qu'en toilette de gala, et les honneurs en étaient faits par douze commissaires annuels, qui étaient élus au commencement de novembre (lorsqu'on rentrait de la bastide et des châteaux), parmi les premières familles de la Ville : nous y voyons figurer les Lombardon, les de Damian, de Vernègues, les de Beaumont-Lemaistre, de Foresta, de Corréard, et autres noms très honorés encore aujourd'hui.

Ces jeunes gens organisaient, en outre, tous les vendredis pendant le carnaval, de très beaux bals auxquels n'étaient admis que les membres de l'Académie de musique et les dames de leurs familles. — Aussi, un maître de ballets figurait-il dans le personnel de l'Académie, qui se composait encore d'un maître de musique et d'un chirurgien. Enfin, les « Messieurs du Concert » avaient à leur service un garde, un suisse et un valet, à la livrée de Monseigneur le Prince de Beauvau, protecteur de l'Académie.

Voici d'ailleurs d'après Grosson (1), les noms des membres du bureau, en 1789 :

---

(1) *Almanach historique*, 1789, pages 281 et 282.

Protecteur : Le Prince de Beauvau.

Commissaires du Concert : MM. Le Maistre de Beaumont ; de Gérin, chevalier de Saint-Louis ; Merle, trésorier ; Bayon ; d'Herculès ; Laporte ; de Damian, chanoine comte de Saint-Victor ; Marc-Antoine de Bourguignon ; de Samatan, fils aîné ; Boisselier ; Lazare Couturier ; de Lombardon fils.

Legrand, maître de musique.

François Dozol, maître de ballet.

François Moulard, médecin.

Antoine Aillaud, chirurgien.

J'ai dit plus haut que le nombre des associés — qui s'intitulaient Académiciens, — était de 350.

On voit combien cette Académie de musique était importante, et quel honneur elle faisait à la ville, en contribuant aux progrès de l'art comme à l'éducation musicale du public. — De nombreux artistes et amateurs entretenaient cette ferveur artistique : je citerai seulement Laurent Bellissen, célèbre par ses *Lamentations*, — qui étaient considérées comme un chef-d'œuvre, — et par divers *Psaumes* et *Motets* dont les manuscrits sont à la Bibliothèque Nationale ; Mondonville, Rey, l'abbé Roussier, — connu par son *Traité des Accords* et son ouvrage sur *La Musique des Anciens*, — Legrand, Etienne Bougerel, « vérificateur aux Douanes », dont un *Te Deum* et des *Messes* à grand orchestre eurent de la réputation ; Rambert, élève de Legrand, et qui composa plusieurs opéras représentés avec succès.

Marseille possédait aussi un grand nombre de professeurs de chant, de clavecin, de harpe, de tambourin, car tout le monde aimait et pratiquait la musique : les paroisses de notre ville entretenaient des maîtrises où les enfants du peuple l'apprenaient *gratuitement* ; enfin, de nombreuses sociétés chorales, attachées à des congrégations religieuses attiraient la foule quand les exécutions musicales avaient lieu dans des chapelles de Pénitents, — ou de corporations, très nombreuses et florissantes à cette époque où le Travail n'était pas encore en guerre avec le Capital.

Cette brillante période dura jusqu'en 1791 ou 1792; à ce moment, les troubles révolutionnaires laissaient peu de place aux plaisirs artistiques ; et même, en 1793, la magnifique salle de concerts de la place de la Bourse fut *démolie* par ordre des délégués de la Convention (Barras et Fréron), parce qu'on y avait tenu des réunions réactionnaires, dont les organisateurs furent envoyés à la guillotine...

Lorsque le calme fut revenu dans les esprits, l'ancien « Concert » eut une sorte de renouveau : les Albrand, les Mey, les Vincens réorganisèrent la musique religieuse dans les églises, et fondèrent les « Concerts Thubaneau », ainsi nommés de la salle où ils étaient donnés, dans la rue de ce nom ; les symphonies de Beethoven y furent entendues bien avant qu'Habeneck ne les fît connaître à Paris. — Plus tard, le second Empire et la troisième République ont vu fleurir le *Cercle Artistique* qui, après vingt ans d'une prospérité vraiment féconde encore pour l'art à Marseille, s'est laissé détourner de sa voie par des politiciens auxquels il avait servi de marchepied, et qui en ont affecté le local au « Lycée de filles ».

Quel que soit, cependant, l'éclat de ses premières années, il n'a jamais eu l'importance de l'ancienne Académie de Musique qui, durant près d'un siècle, avait donné à Marseille la réputation d'une ville essentiellement musicale et artistique.

Le « Concert de Marseille est le plus beau qu'on puisse entendre, » écrivait Madame de Grignan ; et c'était bien là une de ces institutions qui font le plus d'honneur à notre ville, dans ce xviii° siècle d'où s'exhale encore, à travers l'histoire, ce parfum d'élégance et de bonne compagnie, de respect et de mœurs aimables, que, depuis longtemps, notre société démocratique ne connaît plus.

§ 2. — L'Académie des Lettres, Sciences et Beaux-Arts.

Celle-ci était plus généralement connue sous le titre de « L'Académie », sans autre qualification : c'était l'Académie par excellence, la réunion des citoyens qui, par leur instruction et leurs travaux, étaient, à Marseille, les plus remarquables dans toutes les branches de l'intelligence.

On voit dans l'histoire de l'Académie par M. Lautard, et celle plus condensée de M. l'abbé Dassy, combien cette société savante fut considérée, dès qu'elle fut fondée, en 1726, par quelques Marseillais amis des Lettres. Son secrétaire perpétuel, Antoine-Louis Chalamond de la Visclède, avait été deux fois couronné par l'Académie Française qui, dès la création de l'Académie de Marseille, s'empressa d'adopter cette institution naissante : l'affiliation eut lieu le jeudi 19 septembre 1726, dans une séance mémorable que présidait Fontenelle, et dont le procès-verbal, imprimé la même année chez Jean-Baptiste Coignard fils, imprimeur du Roi et de l'Académie Française, rue Saint-Jacques, *au Livre d'Or*, existe à la Bibliothèque de la Ville. (F. p. b. 8).

Notre Académie s'est toujours appliquée à justifier cette distinction sans précédent, que Lamartine se plut à rappeler quand il présida, en 1832, une séance de l'Académie de Marseille — dont il était membre comme l'avaient été Louis Racine, Voltaire (1), Chamfort, François de Neufchâteau, et Bonaparte lui-même ; — comme le furent plus tard Leverrier, le général Faidherbe, Reyer, et autres illustrations de notre pays.

C'est le Maréchal de Villars, le vainqueur de Denain, qui avait encouragé les fondateurs d'une

(1) Il avait posé sa candidature, par lettre du 29 décembre, en 1745 ; il fut élu le 12 janvier 1746 ; — par conséquent, quelques mois avant son élection à l'Académie Française.

« Académie des Belles Lettres », dont il fut nommé Protecteur par Louis XV, en sa qualité de gouverneur de la Provence, et de membre de l'Académie Française. — Mécène généreux et délicat, il la dota, en 1732, d'un revenu fixe de 300 livres qui devait constituer un prix annuel d'éloquence et de poésie. De 1726 à 1734, date de sa mort, ce grand homme ne cessa de s'intéresser à l'Académie et de lui faire obtenir les faveurs royales. — En 1734, le duc de Villars, son fils, lui avait succédé, dans le gouvernement de Provence comme à l'Académie Française : il tint à honneur de lui succéder aussi dans le protectorat de l'Académie de Marseille et, comme lui, fonda un prix annuel de 300 livres (en 1767). — Celui-ci devait récompenser le meilleur travail ayant pour objet les sciences naturelles, car, en vertu de nouvelles Lettres-Patentes données à Versailles en 1766, le nombre des Académiciens, qui n'était que de vingt à l'origine, avait été porté à 30, dont 15 pour les Belles Lettres et 15 autres pour les Sciences et les Arts.

Les héritiers du Duc de Villars, se conformant à ce qui leur avait été prescrit par un codicille, placèrent sur la communauté de Marseille, au 3 0/0, une somme de 20,000 livres dont la rente, ainsi constituée en 600 livres, devait être affectée par l'Académie aux deux prix annuels de 300 livres fondés par le Maréchal et par le Duc.

Ces prix furent régulièrement donnés jusqu'en 1793. Ils entretenaient l'émulation pour les Lettres et les Sciences, dans notre ville aussi bien que dans tout le

royaume, car on voit figurer, parmi les lauréats,
M. Philippon de la Madeleine, trésorier de France à
Besançon ; M. Raynouard, qui depuis fut secrétaire
perpétuel de l'Académie Française.

Le *Mercure de France* donnait alors à ces concours
une grande publicité et, en 1782, le Conseil municipal
offrit à l'Académie de Marseille une somme de 1200
livres, à prendre sur les fonds provenant de la remise
du sel, pour servir de prix à l'ouvrage qui, au jugement de l'Académie des Belles Lettres, Sciences et
Arts, présenterait le *Plan d'éducation publique le
plus convenable à Marseille, considérée comme ville
maritime et commerciale*. L'Académie délibéra d'ajouter à ce prix la médaille d'or de 300 livres du Maréchal de Villars (1).

Les faveurs officielles s'étendaient alors sur tout ce
qui contribuait à l'honneur du pays. Louis XV avait
autorisé l'Académie de Marseille à faire usage d'un
sceau, avec telle marque et inscription qu'elle vou-
drait choisir, pour sceller les actes de la Compagnie.
L'emblème adopté fut le Phénix qui renaît de ses
cendres, avec la devise *Primis renascor radiis*, pour
rappeler l'ancienne Académie de Marseille (*Atheno-
polis Massiliorum*) que celle-ci faisait renaître.

---

(1) Les concurrents furent nombreux, mais aucun mémoire ne
fut jugé digne du prix. Trois fois le même sujet fut remis au
concours, sans plus de succès ; et la Municipalité pria, dès lors,
l'Académie de faire analyser les divers travaux remis, pour en
tirer un mémoire acceptable.

Plus tard, en 1736, le roi lui accorda le privilège de faire imprimer et vendre tous les ouvrages de ses membres, ou autres auteurs, approuvés par elle. En 1783, Louis XVI renouvela ce privilège. — De son côté, la Commune de Marseille tenait à honneur d'encourager cette institution qui était si utile aux Lettres, aux Arts et aux Sciences, dans notre ville commerçante avant tout ; et elle décida, le 8 juillet 1781, qu'elle payerait annuellement à l'Académie la somme de 2.400 livres pour l'aider à subvenir aux frais de son logement comme à tous autres, notamment à l'impression de ses *Mémoires*.

Cette question du logement, que l'on pourrait dire vitale pour l'Académie, avait été longtemps mal définie : à l'origine, les séances se tenaient à l'Arsenal ; puis, quand il fut désaffecté, à l'Evêché (et les séances publiques étaient données dans la grande salle de l'Hôtel de Ville). Plus tard, la Ville avait accordé — à titre précaire — à l'Académie la jouissance d'une ancienne chapelle dont on avait enlevé l'autel, située au-dessus de l'église St-Jaume et qui avait appartenu aux Jésuites avant la dissolution de leur Société. C'est dans cette salle, très riche en peintures et dorures, que Bernouilli assista, en décembre 1774, à une séance des plus brillantes de l'Académie, dont il rendit compte dans sa lettre du 28 décembre 1774. — Il avait admiré aussi, dans cette salle, le commencement d'une collection d'histoire naturelle qui promettait de devenir très belle, et nous avons vu dans un chapitre précédent que, en outre de sa riche bibliothèque (1), l'Académie possédait encore un magnifique cabinet d'instruments de physique.

Aucune de ces diverses installations successives ne pouvait cependant être définitive; mais bientôt, et par les services qu'elle rendait, l'Académie fut jugée digne de la direction de l'Observatoire (2), que le roi lui confia, en octobre 1781, à la demande de Malouet, commissaire général des Colonies, et membre associé de l'Académie de Marseille. Ce fut la juste récompense du bien moral et intellectuel que faisait cette

---

(1) Qui était sans cesse augmentée par des legs de ses membres, dont la plupart étaient des amateurs distingués de livres, manuscrits, etc. — J.-P. Rigord, le doyen d'âge, mort en 1727, n'avait-il pas laissé 150 portefeuilles, ou cartables, renfermant *chacun* un millier de pièces !

(2) Fondé en 1698 par les Jésuites, sur la cime des Moulins, à la montée des Accoules, près de l'église Sainte-Croix. — Le ciel de Marseille, si pur en toutes saisons, était naturellement propice aux observations astronomiques, et c'est sur l'emplacement de la place de Lenche, selon les uns, ou de la Major, suivant les autres, que, 350 ans avant J.-C , Pythéas avait déterminé l'obliquité de l'écliptique, comme 2300 ans plus tard l'illustre Leverrier choisit à son tour Marseille pour y installer, en 1862, le superbe télescope de 0m,80 cent. de diamètre qu'avait construit Foucault.

Les Jésuites avaient fait à l'Observatoire des Accoules de nombreuses observations, régulières, et le P. Pézenas directeur après le P. Laval, avait publié cinq volumes de Mémoires scientifiques sur diverses questions d'astronomie et de mécanique. Il avait eu pour collaborateur le P. Lagrange, qui fut plus tard directeur de l'Observatoire de Milan.

Après l'expulsion des Jésuites, en 1763, M. de Saint-Jacques Sylvabelle fut nommé directeur. Il resta plus de trente ans à la

savante Compagnie depuis plus d'un demi-siècle; elle conserva, jusqu'en 1793, cette installation, dans un local un peu éloigné, il est vrai (au-dessus des Accoules), mais spacieux, et dans lequel elle ne fut pas inquiétée.

Son dernier protecteur fut le cardinal François-Joachim de Pierres de Bernis, archevêque d'Alby, évêque d'Albano, ambassadeur de France à Rome, où il mourut le 1ᵉʳ novembre 1794. Il avait succédé au duc de Villars, dans son titre de protecteur, à la mort de ce dernier, en 1770. Quelques appréciations que l'on puisse porter sur la politique du cardinal, on ne peut disconvenir qu'il fut un des hommes les plus éminents de son époque; c'était d'ailleurs un écrivain de mérite, d'un goût fin et délicat. Il appartenait à l'Académie Française depuis 1744.

En 1789, notre Académie comptait deux membres « honoraires » ou membres d'honneur : le maréchal de Castries, lieutenant général du Lyonnais, du Forez et du Beaujolais, ministre de la marine, et Necker, le

tête de cet établissement dont il augmenta encore l'importance et la notoriété par sa détermination de la rotation de Jupiter; par ses observations sur les réfractions atmosphériques, sur les comètes, etc. Membre de l'Académie de Marseille, c'est sous sa direction que ce corps savant fut installé à l'Observatoire par l'Ordonnance royale ci-dessus rappelée.

Peu mêlé au mouvement politique, M. de Saint-Jacques Sylvabelle échappa à la tourmente révolutionnaire. Il mourut en 1801, laissant à son successeur, M. Thulis, également de l'Académie de Marseille, une belle collection d'observations et d'instruments.

directeur général des finances. L'un et l'autre avaient, en diverses circonstances, largement témoigné leur bienveillance et leur sympathie envers l'Académie.

La Compagnie avait alors pour directeur M. Barthélemy Vidal, docteur en médecine, agrégé au collège de Marseille, membre de l'Académie royale des Sciences de Turin et de la Société royale de Paris, reçu à l'Académie en 1786; pour chancelier, le chanoine Balthazar de Robineau de Beaulieu (1), vicaire général du diocèse, reçu en 1773; le directeur et le chancelier étaient renouvelés chaque année par la voie du sort. Elle avait deux Secrétaires Perpétuels : MM. Joseph Capus, avocat, assesseur de Marseille, secrétaire pour la partie des belles-lettres; Joseph Bernard, adjoint à l'Observatoire, correspondant de l'Académie des Sciences de Paris, secrétaire pour les sciences. — M. Capus appartenait à l'Académie depuis 1785; M. Bernard, depuis 1782.

Les autres académiciens titulaires étaient, selon l'ordre de leur réception :

MM. Louis-Nicolas de Vento, marquis des Pennes, chevalier de Saint-Louis, ancien procureur du Pays (reçu en 1744).

Pierre-Augustin Guys, secrétaire du Roi, membre de l'Académie des Arcades de Rome (2) (1752).

Mgr Jean-Baptiste de Belloy, évêque de Marseille (1756).

(1) Fils de Pierre de Robineau, l'un des fondateurs de l'Académie.
(2) Né à Marseille le 2 août 1721, auteur du *Voyage littéraire*

MM. Jacques-Louis-Auguste de Thomassin de Peynier, chanoine de Saint-Victor, vicaire général du diocèse (1760).

Guillaume de Paul, lieutenant général civil honoraire en la sénéchaussée.

Dominique de Demandolx, lieutenant général civil en la sénéchaussée, de l'Académie des Arcades.

Jacques de Seymandi, secrétaire du Roi.

Dominique Audibert, négociant (1763).

Louis-François de Georges d'Olières de Luminy, chanoine, vicaire général et official du diocèse.

Guillaume de Saint-Jacques Silvabelle, directeur de l'Observatoire (1) (1765).

Gabriel de Villeneuve, chevalier de Saint-Louis, aide-major du fort Saint-Jean, gouverneur d'Auriol (1766).

Abraham-Moïse Joyeuse, médecin de la marine (1767).

Le Père Paul-Antoine Menc, religieux dominicain, de l'Académie des Arcades (1773).

Jean-Baptiste-Bernard Grosson, notaire royal, secrétaire de l'Ordre de Malte, de l'Académie des Arcades, de la Société royale de Stockholm, etc. (2) (1773).

---

en Grèce (1776, 2 vol. in-12; 1783, 4 vol. in-8°). Guys a aussi publié : une *Relation abrégée de voyage en Italie et dans le Nord*; *Marseille ancienne et moderne* (1786, in-8°), des *Poésies fugitives*, etc.

(1) Né à Marseille en 1722; mort en 1801, membre correspondant de l'Institut.

(2) Auteur du *Recueil des Antiquités et monuments marseil-*

MM. Louis-Maximilien-Toussaint Noguier de Malijay, receveur général des finances de Provence (1) (1773).

Jacques-Augustin Martin, prévôt de l'Eglise de Marseille, vicaire général du diocèse (1774).

Dominique Bertrand, directeur de la Compagnie d'Afrique.

Joseph-Mathieu Salze, négociant, subdélégué de l'Intendance de Provence.

César Collé, chimiste, de l'Académie de Médecine de Madrid (1778).

Victor Pierre de Malouet (2), secrétaire du cabinet de Mme Adélaïde de France, intendant de justice, police et finances de la marine à Toulon (1781).

Jacques Thulis (3) (1782).

François-Louis-Claude Marin, lieutenant général en l'amirauté de La Ciotat, censeur royal, inspecteur de la librairie de Provence (4) (1783).

André Liquier, négociant (5) (1785).

tais qui peuvent intéresser l'histoire et les arts (Marseille, chez Jean Mossy, 1773, in-4°) et éditeur des Almanachs historiques de Marseille, de 1770 à 1790.

(1) Fut membre du Conseil des Cinq-Cents et ensuite du Corps législatif.

(2) Commissaire général de la marine sous l'Empire, nommé ministre de la marine à la rentrée des Bourbons.

(3) Attaché à l'Observatoire, fut directeur de cet établissement de 1801 à sa mort, en 1810.

(4) Né à la Ciotat; auteur de pièces de théâtre, de l'*Histoire de Saladin, sultan d'Egypte et de Syrie*, d'un *Mémoire sur l'ancienne ville de Tauroentum* et d'une *Histoire de la Ciotat*.

(5) Député de Marseille aux Etats généraux.

MM. Claude-François Achard, docteur en médecine, agrégé au collège de Marseille, de la Société royale de médecine de Paris (1) (1786).

Bardon négociant (1787).

Onze anciens académiciens titulaires avaient été, sur leur demande, admis à la « vétérance »; c'étaient :

M. le marquis Toussaint-Alphonse de Fortia de Pilles, capitaine-gouverneur-viguier de Marseille (admis à la vétérance en 1748).

Mgr Jérome de Suffren de Saint-Tropez, évêque de Sisteron (1765).

MM. Pierre Besson, auditeur en la Chambre des comptes de Paris (1765).

Honoré-César Ricaud, ancien premier échevin.

Fr.-Ange d'Eymar, abbé du Val-Chrétien, vicaire général de Strasbourg (2).

Jacques Floret, avocat, à Toulouse (1781).

Victor-Amédée Magnan, docteur en médecine, médecin ordinaire du roi, agrégé au collège de Marseille, à Paris.

Louis Journu de Montagny, à Bordeaux (1782).

---

(1) Né à Marseille le 13 mars 1751, Claude-François Achard avait publié, en 1785, son *Vocabulaire français-provençal et provençal-français*; en 1787, l'*Histoire des hommes illustres de Provence*; en 1788, le *Dictionnaire géographique de la Provence*.

(2) Ancien chanoine de La Major, auteur d'une *Oraison funèbre de Monseigneur le Dauphin*, imprimée à Marseille, in-4°, 1766.

MM. Jean-Pierre Papon, ecclésiastique, à Paris (1).
Antoine Villet, négociant, à Paris (1786).
Jean-Raymond Mourraille (2) (1787).

L'Académie ne comptait pas moins de 80 associés
« régnicoles ».

MM. Frédéric-Maurice Dubu, ancien secrétaire du duc de
Villars, à Paris.
Jacques-Ignace de La Touche, chevalier de Saint-
Lazare et de Notre-Dame du Mont-Carmel, à Châ-
lons (1735).
Victor de Riquetl, marquis de Mirabeau (3) (1742).
Pierre de Boulogne, secrétaire du roi, audiencier au
parlement de Metz (1748).
Jean-François-André Le Blanc de Castillon, procu-
reur général au parlement de Provence (1753).
Jean-Baptiste David, avocat, professeur de droit à
l'Université de Pau (1755).
Clément-Jérôme-Ignace de Rességuier, bailli, grand'-
croix de l'ordre de Malte, commandeur de Marseille.
Charles Palissot de Montenol, à Paris.

(1) Né à Puget-Théniers, en 1734, auteur de l'*Histoire générale
de Provence* (Paris, 4 vol. in-4°, 1777-1786), du *Voyage littéraire
de Provence* (Paris, 2 vol. in-12, 1787) et de plusieurs autres
ouvrages littéraires ou historiques ; il avait, depuis quelque temps,
quitté l'Oratoire.
(2) Auteur d'un *Traité de la Résolution des Equations*, maire
de Marseille en 1792 et 1793.
(3) L'auteur de l'*Ami des hommes*, père de l'orateur ; mort à
Argenteuil, le 12 juillet 1789.

MM. Charles-Jean-Baptiste des Gallois de La Tour, marquis de Saint-Aubin, premier président du parlement, intendant en Provence (1756).

Le vicomte d'Allès, de l'Académie d'Angers (1760).

Charles-Claude de Peyssonnel, consul de France en Crimée, correspondant de l'Académie des Inscriptions et Belles-Lettres de Paris (1) (1761).

Louis Necker de Germany, négociant, à Paris.

François de Neufchâteau, procureur général au Conseil souverain du Cap Français (2).

De Fauris de Saint-Vincens, président au parlement, honoraire, correspondant de l'Académie des Inscriptions et Belles-Lettres de Paris, à Aix (1766).

Auffray, de l'Académie de Metz.

Gardane, docteur en médecine et censeur royal, à Paris.

Gaillard, de l'Académie française et de celle des Inscriptions et Belles-Lettres (3) (1769).

L'abbé Expilly, ancien secrétaire d'ambassade du roi de Sicile (1770).

Arnoult, docteur en médecine, à Paris.

L'abbé Chapus, vicaire général de Sisteron.

Béguillet, avocat, à Dijon (1771).

---

(1) Fils de Jean-André Peyssonnel, naturaliste; a laissé des *Observations historiques et géographiques sur les peuples barbares qui ont habité les bords du Danube*, Paris, 1765, etc.

(2) Porté sur les listes de l'Académie, sous les noms de François François; il avait été reçu associé à l'âge de 15 ans.

(3) Lauréat de notre Académie, au concours de 1770.

MM. Antoine-Jean-Baptiste-Robert Auget, baron de Monthion, conseiller d'Etat, à Paris (1).

L'abbé Gabriel, vicaire général d'Alby, premier secrétaire du cardinal de Bernis (1772).

Monseigneur de Boisgelin de Cucé, archevêque d'Aix, membre de l'Académie française.

L'abbé Rozier, ancien directeur de l'Ecole vétérinaire de Lyon.

Félix de Nogaret, secrétaire du duc de Lavrillière (1773).

D'Ansse de Villoison, de l'Académie des Inscriptions et Belles-Lettres, de la Société royale de Londres, etc.

De Chabanon, de l'Académie des Inscriptions et Belles-Lettres.

Le comte d'Hautefort, grand d'Espagne.

De Chamfort, de l'Académie française, secrétaire du prince de Condé (2) (1774).

L'abbé Bertholon, prêtre des missions, professeur de physique, à Montpellier.

L'abbé Filassier, à Paris (1775).

Pazery, professeur de droit à l'Université d'Aix.

Charles Devillers, de l'Académie de Lyon.

L'abbé Paul, de Saint-Chamas.

Sabatier de Cabres, conseiller d'Etat (1776).

---

(1) Intendant de Provence, de 1771 à 1774.
(2) Lauréat de l'Académie de Marseille en 1767 et 1771 ; au concours de 1774, il avait eu La Harpe pour concurrent.

MM. Pierre Demours, médecin-oculiste du Roi, de l'Acamie des Sciences de Paris, censeur royal (1).

Le baron de La Tour d'Aigues, président à mortier au Parlement de Provence (1777).

Ollion, chirurgien-oculiste, pensionnaire de la Province.

Gudin de la Brenellerie, à Paris.

Raup de Baptestain, censeur royal, à Paris (1778).

Le comte d'Albon, prince d'Yvetot, colonel de cavalerie.

Louis Gérard, docteur en médecine, à Cotignac.

Honoré-Genest Pâris, docteur en médecine, de la Société royale de médecine de Paris, à Arles.

Granet, lieutenant général civil en la sénéchaussée de Toulon.

Daniel-Marc-Antoine Chardon, maître des requêtes, procureur général au Conseil des prises.

L'abbé Joseph-François Marie, censeur royal, professeur de mathématiques au collège Mazarin, de la maison de Sorbonne, sous-précepteur du duc d'Angoulême (1779).

Le duc de Rohan-Chabot, prince de Léon, lieutenant général des armées du Roi.

Le comte Turpin de Crissé, lieutenant général des armées du Roi.

L'abbé de Castillon, vicaire général de Lyon (1780).

Reboul, avocat, secrétaire perpétuel de la Société d'agriculture, à Aix.

---

(1) Né à Marseille en 1702 ; a créé la chirurgie oculaire rationnelle.

MM. Claude-Emmanuel-Joseph-Pierre de Pastoret, maître
des requêtes, membre de l'Académie des Inscriptions et Belles-Lettres, à Paris (1).

Pierre-Laurent Bérenger, censeur royal, ancien professeur d'éloquence au collège d'Orléans (2) (1781).

Jacques Gibelin, docteur en médecine, de la Société
médicale de Londres, à Aix (1782).

Fabre, ingénieur de la Province, à Aix.

J. Hugues, marquis de La Garde, président en la
Chambre des comptes de Grenoble (3).

Joseph-Elzéar-Dominique Bernardi, lieutenant général au siège du comté de Sault, subdélégué de
l'intendant de Provence.

Guérin, avocat, à Sault.

De Langeac, chevalier de Malte, à Paris.

Comte de Bissy, lieutenant général pour le Roi en
Languedoc, gouverneur d'Auxonne, membre de
l'Académie française (1783).

L'abbé Giraud de Soulavie.

Le Hoc, secrétaire d'ambassade, à Constantinople
(1784).

Danthoine, ancien apothicaire, à Manosque.

Jean-Jacques Béraud, de l'Oratoire, professeur de
physique expérimentale au collège de Marseille.

---

(1) Né à Marseille le 25 octobre 1756, il y fut pendant quelques
années, on le sait, avocat en la sénéchaussée ; il y débuta aussi
dans la carrière des lettres, par des compositions poétiques
dédiées à l'Académie.

(2) Auteur des *Soirées provençales*.

(3) Fils du riche négociant marseillais Joseph Hugues, dit l'aîné.

MM. Le chevalier de Cubières.

Leblond, à Paris.

Chaussier, de l'Académie de Dijon.

Grimod de La Reynière, avocat, à Paris.

Roland de la Platrière, inspecteur des manufactures, à Lyon (1785).

Henri-Charles de Thiard de Bissy, comte de Thiard, lieutenant général des armées du Roi, gouverneur de Brest, commandant en chef pour le Roi en Bretagne (1).

Bouche, avocat au Parlement de Provence (2).

Etienne-François Lantier, chevalier de Saint-Louis, à Paris (3).

Le marquis de Marnezia, à Paris (1786).

Jean-François de Noble de La Lauzière, ancien premier consul d'Arles, chevalier de Saint-Louis (4).

(1) Frère puîné du comte de Bissy ; il avait été commandant pour le Roi en Provence, de 1782 à 1787.

(2) Charles-François Bouche, auteur de l'*Essai sur l'Histoire de Provence et des Provençaux célèbres* (Marseille 1785, 2 vol. in 4°), du *Droit public de la Provence sur la contribution aux impositions* (1788, in 8°), etc., député de la sénéchaussée d'Aix aux États généraux, mort en 1794, membre du Tribunal de cassation.

(3) Né à Marseille le 30 septembre 1734 ; auteur des *Voyages d'Anténor*.

(4) Né à Marseille en 1718, auteur d'un mémoire *Sur les moyens les plus propres à vaincre les obstacles que le Rhône oppose au cabotage entre Arles et Marseille et à empêcher qu'il ne s'en forme de nouveaux*, couronné au concours de 1779.

MM. Cousin Despréaux.
>De Bastide, à Paris (1) (1787).
>Claude d'Ageville, architecte, recteur de l'Ecole de peinture, sculpture et architecture de Marseille.
>Olivier, docteur en médecine.
>Bouteille, docteur en médecine, à Manosque.
>L'abbé Morel, de la Doctrine chrétienne, professeur de rhétorique au collège d'Aix (1788).

En défalquant des relevés de Grosson trois associés qui étaient morts depuis un certain temps, elle comptait alors 17 associés étrangers, savoir :

MM. André, baron de Vanhopken, sénateur du royaume de Suède (admis en 1733).
>Jean-Auguste Buxtorf, professeur de langues orientales à l'Université de Bâle (1745).
>Frédéric-Samuel Smith, bibliothécaire de Berne (1762).
>Le chevalier James Bruce de Kinnaird, de l'Académie de Berlin.
>Jean de Bernouilli, directeur de l'observatoire de Berlin (2) (1773).
>Le marquis de Luchet (1776).
>Jean-Antoine Borrelly, de l'Académie de Berlin (1777).

---

(1) Jean-François de Bastide, romancier, né à Marseille le 15 juillet 1724, mort à Milan en 1789.
(2) Auteur des *Lettres sur différents sujets*, citées ci-dessus.

MM. Henri Ellis, ancien gouverneur de la Nouvelle-Ecosse et de la Géorgie, membre de la Société royale de Londres (1780).

Barbier de Grainvillier, officier au service de Pologne, des Académies de Lyon et des Arcades.

Louis Targioni, docteur en médecine, à Florence.

François de Zach, ingénieur du duc de Saxe-Gotha.

De Samoïlowitz, docteur en médecine, assesseur des collèges de Russie (1783).

Pouwnall, ancien gouverneur de la province de Massachussets et de la Caroline méridionale, membre de la Société royale de Londres (1785).

Le comte d'Hastig, à Pragues (1786).

Le duc de Saxe-Gotha et d'Altenbourg (1787).

De Saussure, professeur de physique, à Genève (1787).

L'abbé Joseph Correa de Serra, à Lisbonne (1788) (1).

Ces longues nomenclatures de noms appartenant au monde savant, à la littérature, au haut personnel administratif et gouvernemental, à l'élite de la société, montrent amplement en quelle estime l'Académie de Marseille était tenue, non seulement dans notre ville et dans sa région, mais encore dans toute la France et à l'étranger.

Malheureusement, les mauvais jours allaient bientôt

(1) Grosson, *Almanach historique de Marseille*, année 1789, pp. 248-263 ; Dassy, *L'Académie de Marseille ses origines, ses publications, ses archives, ses membres*. Marseille, 1877, pp. 595-598, 612-613, 624-627 et 634-635.

se lever pour toutes nos institutions, surtout pour celles dont la prospérité semblait plus particulièrement témoigner de l'action bienfaisante de la royauté. Un certain nombre de membres de l'Académie, suspects au nouveau régime, dénoncés et traqués en haine de leurs sentiments, de leurs noms, ou simplement de leur fortune, s'éloignèrent de Marseille dès les premiers troubles. Quelques-uns émigrèrent avant la défaite des sections, en 1793. Des assemblées se tinrent encore cette année-là, pendant la lutte contre la Convention, mais combien peu nombreuses ! La Terreur régnait dans toute la France, et le décret du 8 août 1793 qui supprimait toutes les sociétés littéraires patentées parvint à Marseille au moment où l'Académie luttait avec énergie pour maintenir sa vieille gloire.

Quand elle fut emportée par le souffle révolutionnaire, ses collections furent dispersées, et nous avons dit dans le chapitre 1ᵉʳ que sa bibliothèque forma le fonds le plus important de la Bibliothèque publique. Il est regrettable que lorsque l'Académie se reconstitua, en 1796, le Conseil municipal — ni les suivants — n'aient eu la pensée de la dédommager d'une telle spoliation et n'aient même pas continué l'allocation annuelle de 2.400 livres, votée en 1781 pour l'impression des « Mémoires » et autres frais de l'Académie. Une Municipalité soucieuse des intérêts moraux d'une grande cité ne devrait-elle pas cependant favoriser une institution qui, par les travaux de ses membres, par les concours qu'elle ouvre chaque année, s'efforce de produire entre les amis des Lettres, des Sciences et des Arts, une émulation féconde ? — Dans une ville aussi importante que la nôtre, ce ne sont pas les combinaisons du négoce qui doivent seules tenir l'esprit en éveil.

§ 3. — Académie de Peinture et de Sculpture
Ecole des Beaux-Arts

Celle-ci n'était pas moins florissante que l'Académie des Lettres et des Sciences. Comme elle, un lien d'estime et d'affection la rattachait à l'Académie similaire de Paris et plusieurs même des membres de l'Académie Royale étaient devenus associés de celle de Marseille.

C'est en 1753 (le 3 janvier) que quelques artistes et amateurs de notre ville s'étaient réunis en une société de peinture et de sculpture, dont le but était de développer et répandre le goût des Beaux-Arts à Marseille en y ouvrant une Ecole publique et gratuite de dessin d'après le modèle (1). Le duc de Villars, toujours prêt à favoriser les institutions qui contribuaient au bon renom de Marseille, accepta le titre de Protecteur de l'Académie naissante, et lui accorda un local dans l'Arsenal, où bien des emplacements étaient disponibles depuis que les galères n'étaient plus à Marseille.

(1) Voir page 22.

Il lui fit, en outre, obtenir du Roi des lettres patentes, et, de la Commune, en 1756, une pension annuelle de 3.000 livres.

L'Académie ne vit dans toutes ces faveurs que l'obligation pour elle de concourir plus activement à la diffusion de l'art, et à son enseignement. C'est ainsi qu'elle devint bientôt une vraie Ecole, et les fondateurs de l'Académie prirent alors le titre officiel de Professeurs.

La prospérité de l'institution ne fit que s'accroître après cette transformation, et c'est alors que l'Académie demanda à être sous la direction de celle de Paris en participant aux privilèges de celle-ci. Elle y avait des titres : elle comptait parmi ses Associés plusieurs des membres de l'Académie Royale : un grand nombre d'élèves, formés à Marseille, étaient pensionnaires du Roi, l'un à Rome (Jullien, peintre), l'autre à Paris (Foucou, sculpteur). Bonnin, peintre, avait été reçu à l'Académie Royale, et Beaufort, également peintre, avait été jugé digne d'avoir un logement dans le Louvre.

L'affiliation eut lieu par acte authentique du 19 juillet 1773, et d'excellentes relations ne cessèrent d'exister entre l'Académie et celle de Paris, qui envoyait à Marseille une quantité de ses plus beaux dessins. Pour perpétuer une telle estime réciproque, l'Académie de Marseille s'était fait une loi d'avoir pour Directeur en titre un des Professeurs de l'Académie Royale ; en 1789, le Directeur perpétuel était Bachelier, peintre du Roi et Directeur de l'Académie

Royale, à Paris. Les liens qui unissaient les deux Académies ne pouvaient être plus resserrés.

Celle de Marseille avait, en outre du Directeur perpétuel, un Directeur-recteur, élu parmi les membres domiciliés à Marseille : un chancelier, un trésorier, un secrétaire perpétuel, 12 professeurs titulaires et 10 professeurs adjoints. Le nombre des Académiciens était illimité, et il y avait aussi des membres honoraires-amateurs, choisis parmi les citoyens animés de l'amour des arts et distingués par leur position sociale, ou par leurs collections particulières. Les membres honoraires-amateurs de l'Académie de Paris l'étaient aussi de celle de Marseille. On voit figurer dans les listes annuelles des personnages illustres à Marseille comme à Paris et à l'étranger, les d'Albertas, de Fortia — de Pilles, de Belloy, Michel de Léon, Samatan, de Paul, Thiers, Crudère, Devilliers de Saint-Savournin, de Rohan-Chabot, Comte de Solms, Comte de Vaudreuil, de Saint-Priest, Bruce de Kinaïrd, Soufflot, de Boullongné, Borély, Boyer de Fonscolombe et bien d'autres noms qui témoignent de l'empressement avec lequel on recherchait l'honneur de faire partie d'une Académie aussi renommée. Parmi les artistes associés-académiciens, on comptait deux membres de l'Académie de Paris : Joseph Vernet, peintre ordinaire du Roi ; Jardin, architecte, et trois agréés.

En 1789, l'Académie de Peinture, etc., avait encore pour protecteur le comte Charles-Claude de Flanaut de la Billarderie d'Angivillers, qui avait succédé au marquis de Marigny, et, comme lui, directeur ordonnateur des bâtiments du Roi. — L'*Almanach* de Grosson nous apprend qu'il était aussi conseiller du Roi, maître de camp de cavalerie, chevalier de Saint-Louis, commandeur des Ordres de Saint-Lazare, de Jérusalem et de Notre-Dame du Mont-Carmel, intendant du jardin royal des plantes, pensionnaire vétéran de l'Académie royale des Sciences, grand voyer de la ville de Versailles. Il résidait à Paris.

Le directeur de l'Académie était le célèbre peintre de fleurs Jean-Jacques Bachelier, professeur à l'Académie royale de peinture et de sculpture de Paris, directeur de l'Ecole royale gratuite de dessin.

Les neuf professeurs titulaires étaient :

MM. Bertrand, sculpteur, chancelier ;
  David, peintre, ancien directeur-recteur ;
  Nicolas, sculpteur ;
  Etienne Moulinneuf, peintre de la Ville, secrétaire perpétuel (1) ;
  Kapeller fils, ancien recteur, peintre, géomètre et architecte (2) ;

(1) Peintre d'histoire et portraitiste, né à Marseille de 1715 à 1720 mort en 1790, professeur et secrétaire de l'école de 1754 à sa mort.

(2) Agrégé académicien dès la fondation de l'Académie, nommé professeur en 1756, directeur-recteur de 1770 à 1772, recteur de 1782 à 1784. — De même que son père, il se signala par l'ardeur de son zèle pour tout ce qui concernait l'école, les artistes et les choses de l'art. » On doit aux soins de Kapeller, lit-on « dans l'*Almanach des Artistes* de 1776, le goût et l'amour des « arts qui se perpétuent à Marseille ; on lui sait gré d'avoir mis

MM. Honoré Revelly, peintre, ancien recteur (1);
Pierre Mélissy, chirurgien, professeur d'anatomie, trésorier;
Nicolas, constructeur, professeur d'architecture navale;
Sarrazin, peintre, géomètre, architecte, ingénieur et inspecteur du duché de Crillon (2).

Un ancien professeur, M. Rey-Vielh, peintre (3), avait le titre de professeur honoraire, administrateur.

Les professeurs adjoints, au nombre de quatre, étaient :

MM. Volaire, peintre, alors en résidence à Naples (4);
Wanwik, peintre (5);

« autant d'intérêt à éclairer les amateurs dans leurs recherches,
« qu'il met d'affection dans l'accueil qu'il fait aux jeunes
« artistes. » C'est du fils qu'il est ici question: en 1776, Kapeller père était mort depuis quelques années.

(1) Peintre de portraits, professeur à l'école depuis la réorganisation de 1756, directeur-recteur de 1769 à 1782, fut nommé, en 1789, professeur honoraire. Le musée de Toulon possède, de cet artiste, un *Portrait de Verdussen, de sa femme et de sa servante*, que Verdussen avait légué à l'Académie de peinture de Marseille et qui ne fut pas remis à la Compagnie.

(2) Nommé adjoint à professeur en 1787, professeur en 1788; il occupa cet emploi jusqu'à la suppression de l'école.

(3) Peintre de marines, agréé en 1763, nommé professeur en 1764, il avait été admis à l'honorariat en 1788.

(4) Élève de Joseph Vernet, reçu agréé en 1784, nommé adjoint en 1787.

(5) Peintre de portraits, nommé agréé en 1778, adjoint en 1788, professeur et recteur en 1789, resta en fonctions jusqu'à la fermeture de l'école.

MM. Michel Henry, peintre (1);
Duplessy, chirurgien.

Quant à l'enseignement, il comprenait le dessin, la peinture, la sculpture, l'anatomie, l'architecture, la géométrie, la perspective et la construction navale. Les classes étaient ouvertes tous les jours à l'exception des dimanches et fêtes : il suffisait, pour y être admis, de se présenter chez le Secrétaire perpétuel, qui délivrait à l'élève un billet d'entrée. Celui-ci devait être visé ensuite par le Directeur-Recteur.

Le Maire et les Echevins, qui figuraient parmi les fondateurs-nés, considéraient comme un devoir de visiter fréquemment les classes, surveillant à la fois les professeurs et les élèves, auxquels on distribuait chaque année trois prix, consistant en médailles qui représentaient les principaux événements du Règne. Il y avait à cet effet une séance publique, le dimanche après la Saint-Louis, dans la grande salle de l'Hôtel de Ville (2). En outre, des prix extraordinaires étaient fournis assez souvent par de riches académiciens honoraires-amateurs ; enfin, l'on donnait tous les mois des jetons d'argent aux élèves qui se distinguaient par leur application et leurs succès.

Quant aux académiciens professeurs, ils faisaient tous les deux ans une exposition de leurs ouvrages.

Dès 1780, la Ville avait été autorisée à porter à

(1) Peintre en miniature, lauréat de 1762, cité ci-dessus.
(2) L'Académie occupait à ses frais une maison située aux Allées de Meilhan, vis-à-vis le Couvent des Lyonnaises.

4.000 livres la subvention annuelle de 3.000 livres qu'elle allouait à cette Académie-Ecole, dont les avantages étaient constatés par plus de 25 ans d'existence utile : elle avait formé un grand nombre d'élèves distingués ; des peintres de mérite, des artistes habiles sollicitaient l'honneur de lui appartenir ; et c'est ainsi que, encouragée par la municipalité et la haute société marseillaise, cette institution fit de très grands progrès jusqu'en 1789. Mais, à ce moment, la municipalité suspendit le paiement de la subvention qu'elle allouait chaque année à l'Académie. Malgré toutes leurs réclamations, le recteur et les administrateurs n'obtinrent, au cours des années suivantes, qu'un secours de douze cents livres et des promesses, sur la foi desquelles ils subvinrent, de leurs propres deniers, aux dépenses qui ne pouvaient être retranchées. Une dernière supplique, adressée aux officiers municipaux le 28 brumaire an II (18 novembre 1793), nous fait connaître le détail des sommes avancées par les membres du bureau. Le total ne s'en élevait pas à moins de 4.755 francs (1). A ce moment, en exécution du décret de la Convention du 8 août 1793, qui supprimait toutes les académies et sociétés littéraires patentées, l'Académie de peinture se trouvait virtuellement dissoute : l'Ecole fut fermée, les archives, les modèles, plans et tableaux, tout disparut,

(1) Etienne Parrocel. *Les Beaux-Arts en Provence; Revue générale, au point de vue documentaire, des incidents et des faits se rattachant à l'instruction publique,* etc., pp. 27-29.

emporté par le souffle révolutionnaire. La plupart des membres de l'Académie s'étaient d'ailleurs dispersés; quelques-uns de ceux qui crurent pouvoir demeurer impunément dans leur pays natal payèrent de leur liberté, ou même de leur vie, leurs illusions sur les maîtres du jour.

Ce n'est qu'au commencement du XIX° siècle que l'Académie de peinture et de sculpture put, non pas se reconstituer, mais former, avec la Musique, une classe spéciale, dans l'Académie des Sciences, Lettres et Arts qui, à la même époque, et justifiant toujours sa devise : *Primis renascor radiis*, renaissait une seconde fois de ses cendres. — Quant à l'enseignement que donnait l'ancienne Académie de peinture et de sculpture, c'est l'Ecole des Beaux-Arts qui le donne aujourd'hui et d'une manière aussi complète, avec l'aide de la Municipalité qui subvient à toutes les dépenses.

§ 4. — La Faïencerie.

Il serait peu séant de terminer ce chapitre sans dire quelques mots de la faïencerie, qui était si florissante à Marseille à la fin du XVIII° siècle.

Bien que ce fût là une industrie plutôt qu'un art, les produits des faïenceries marseillaises ont cependant une réelle valeur artistique, et elles sont tellement recherchées aujourd'hui par les collectionneurs, que ne pas en parler me paraîtrait une fâcheuse lacune dans ce tableau dont le but est de mettre en relief tout ce qui faisait honneur à Marseille à la fin du siècle dernier.

La fabrication de la faïence devait, d'ailleurs, être rangée dans la classe des arts libéraux, suivant les revendications des fabricants marseillais qui avaient obtenu le droit de choisir deux députés à l'assemblée du Tiers-Etat, tandis que les autres métiers ne pouvaient en choisir qu'un (1). C'est vers la fin du xviiie siècle que cette industrie artistique prit surtout son développement à la suite des ordonnances somptuaires qui restreignaient en France l'usage de l'argenterie, obligeant ainsi les familles à chercher, pour l'ornementation de leurs tables et de leurs buffets, une matière moins précieuse (2). Rouen, Saint-Cloud, Nevers, Clermont-Ferrand, Montpellier, Avignon, Apt, Moustiers, Marseille, Aubagne, eurent dès lors des faïenceries renommées.

Favorisée à Marseille par les gisements d'argile qui abondent dans les environs de notre ville, cette fabrication y fut bientôt portée à un haut degré de perfection. Cette argile contient un peu de chaux à l'état de carbonate et de silicate ; elle se ramollit à une température élevée, et peut facilement recevoir la couche

---

(1) *Procès-verbal de l'assemblée des faïenciers du 22 mars 1789.* Aux archives de la mairie.

(2) Voir un article de Paul Mantz dans la *Gazette des Beaux-Arts*, tome x.

d'émail dont on la recouvre. Cet émail était un composé d'oxyde d'étain, d'oxyde de plomb, de sable quartzeux, de sel marin et de soude ; il était d'une grande pureté ; et, ce qui est tout à fait étonnant c'est, malgré les surprises de la cuisson, le naturel et la vérité des couleurs employées à la décoration de ces faïences de Marseille.

M. A. Mortreuil (1) dit que vers le milieu du XVIII° siècle, on comptait dans notre ville douze fabriques de poterie en activité, dont neuf de faïence émaillée. C'étaient celles de :

Boyer à la Joliette,
Fauchier, hors la porte d'Aix (aujourd'hui rue Fauchier),
Agnel et Sauze, près la porte de Rome,
Vve Fesquet, hors la porte Paradis,
Vve Perrin et Abellard, hors la porte de Rome,
Jph-Gaspard Robert, hors la porte de Rome,
Honoré Savy, hors la porte de Rome,
J.-B. Viry, aux allées de Meilhan, hors la porte Noailles,

et les trois autres fabriques qui ne produisaient que de la poterie grossière, étaient celles des sieurs Batelier, Eydoux et Massuque.

(1) *Anciennes industries de Marseille. Faïences, verres, émaux, porcelaines.* Typ. Arnaud et C°, Marseille, 1858.

En 1789, ces fabricants n'étaient plus que dix, mais ils occupaient encore près de 300 ouvriers qui, pour la plupart, étaient de vrais artistes, car les dessinateurs et peintres sortaient de l'Académie de peinture de Marseille où ils avaient appris, dit Grosson, « l'élé-« gance dans toutes les formes, et toutes les beautés « de l'art ».

C'est merveille, en effet, que de voir avec quel goût, quelle élégance, sont jetées sur les plats, les assiettes, les vases, les brocs, les écuelles, de ravissantes fleurs, roses, tulipes, œillets, isolées ou en gerbes ; d'autres fois, ce sont des insectes, des poissons ou des paysages même, avec personnages. Mais, quels que soient les sujets, le décor, avec des tons adoucis et un émail incomparable, est une vraie joie pour l'œil.

On peut considérer la fin du xvii° siècle comme l'époque où l'on commença à fabriquer de la faïence dans notre ville : M. Mortreuil mentionne un Jean Delaresse comme le faïencier le plus anciennement connu à Marseille, et qui s'y était établi en 1709 ; mais il est singulier que cet amateur, si érudit, n'ait pas eu connaissance de quelqu'une des pièces de A. Clérissy, qui était venu s'établir dans les dernières années du xvii° siècle déjà, au quartier de Saint-Jean-du-Désert. Ce fabricant a pourtant laissé de nombreux produits, presque toujours signés (A. C. ou l'une seulement de ces deux lettres), ce que n'ont généralement pas fait ses successeurs. D'après M. Davillier (1), plusieurs

(1) Histoire des faïences et porcelaines de Moustiers, Marseille et autres fabriques méridionales. — Paris, S. Castel, 1863.

pharmacies du midi en sont encore pourvues, surtout les pharmacies d'hôpitaux, et cet auteur relate un superbe plat dont le fond représente un sujet de chasse, et qui est, au revers, signé *A. Clérissy à Saint-Jean-du-Dézert — 1697 — à Marseille.*

Cette fabrique a dû cesser d'exister en 1709, époque où des quantités considérables de faïences furent importées d'Italie. Delaresse avait donc eu quelque témérité à s'établir à ce moment là. Mais quarante ans plus tard, vers 1749, Honoré Savy, cité plus haut, fut le premier qui créa de nouveau une faïencerie artistique à Marseille, et qui employa le décor polychrôme au lieu du camaïeu bleu dont les faïences de Moustiers, à juste titre célèbres aussi, avaient eu la spécialité.

Moustiers, dont la population, qui s'élevait à plus de 3.000 habitants en 1789, est réduite à 1.800 aujourd'hui, est une petite ville perdue dans les montagnes des Basses-Alpes ; elle possédait cependant des fabriques de faïence très renommées, dont je ne parle ici que pour les distinguer de celles de Marseille, avec lesquelles on est quelquefois induit à les confondre : trois de ses fabricants, en effet, ont porté les mêmes noms que deux fabricants marseillais ; c'étaient :

Pierre Clérissy, qui fut anobli par Louis XIV en 1743, alors que nous avons vu plus haut A. Clérissy (Antoine ou Augustin) signer ses produits à Marseille en 1697.

Jean-Baptiste Viry, qui vivait en 1698 à Moustiers,

et Gaspard Viry, qui y vivait en 1706, tandis que nous avons vu plus haut un J.-B. Viry qui, en 1789, avait sa fabrique aux Allées de Meilhan, à Marseille.

Les pièces de ces divers fabricants sont, d'ailleurs, bien différentes de celles des faïences marseillaises par l'émail, comme par le décor qui, à Moustiers, était presque toujours en camaïeu bleu, dans le style de Bérain et d'André-Charles Boulle, ou quelquefois en polychrome et représentant des scènes mythologiques, ou encore, des caricatures, des gueux de Callot ou des animaux fantastiques, (de la fabrique Oléry principalement.) Tandis que les artistes marseillais employaient rarement le camaïeu, sauf le vert, comme la veuve Perrin, et peignaient de préférence des fleurs, ainsi que je l'ai dit plus haut, ou des coléoptères, des libellules, des papillons, des poissons aux écailles argentées, des paysages, etc.

Un décor spécial à Marseille, et à la fabrique Robert, je crois bien, étaient de petites fleurs ou des bordures et dessins de fantaisie, en or, sur un émail d'une blancheur de crème, et d'une admirable pureté. Je possède une écuelle avec son couvercle et son plateau, où sont semées de petites fleurs or, doublées d'un contour bleu tendre: c'est très fin et très élégant.

Cette fabrique de Robert était, d'ailleurs, très importante et recevait des commandes de l'étranger, de l'Angleterre même où, cependant, existaient de nombreuses fabriques. Joseph-Gaspard Robert fut, avec Antoine Bonnefoi, député par ses collègues, en 1789, à l'Assemblée du Tiers-Etat, et sa fabrique avait reçu en 1777 l'honneur de la visite du comte de Provence (depuis, Louis XVIII) qui se rendit aussi à la fabrique de Savy. Le prince y admira, entre autres, diverses pièces de porcelaine dont Robert avait voulu faire un essai ; et il faut croire que le travail était bien réussi, car, au moment de la visite du comte de Provence, il y avait dans le magasin de porcelaines de Robert un service complet, destiné pour l'Angleterre (1), ce dont le prince témoigna sa vive satisfaction. — Savy, de même, avait essayé la fabrication de la porcelaine ; mais, soit à cause de la difficulté de trouver en Provence les matières nécessaires, soit tout autre motif, cette fabrication n'eut jamais, à Marseille, qu'une importance très secondaire.

Les faïences de la veuve Perrin et de son associé Abellard se rencontrent beaucoup plus fréquemment que celle des autres fabricants marseillais : on les reconnaît à la marque VP, ordinairement en noir. Ce sont des assiettes, plats, soupières, écuelles, vases, ornés de poissons et de coquillages, de bouquets, ou, simplement, de fleurs vertes, et quelquefois, mais bien rarement, de dorures sur un fond d'émail d'une magnifique blancheur laiteuse, comme Robert en fabriquait beaucoup.

(1) *Journal des Fêtes données au comte de Provence.*

Les fabriques de Fauchier, de Viry, veuve Fesquet, Agnel et Sauze, livraient des produits d'une finesse moindre, mais elles contribuaient honorablement, tout de même, à la notoriété de la faïencerie marseillaise, qui trouva des imitateurs parmi les fabricants de Montpellier et de Nîmes, comme Clermont-Ferrand imitait Moustiers. Ces contrefaçons, dont les amateurs doivent se méfier, prouvent du moins combien était recherchée la faïence provençale ; et, ce qui témoigne encore de l'importance de cette fabrication dans notre ville, c'est que l'Académie de Marseille, toujours en éveil sur ce qui pouvait intéresser l'art ou la science dans notre ville, proposa un prix en 1789 pour le meilleur mémoire sur la faïence et la porcelaine provençales. Voici le texte exact du programme de ce concours (1) :

« Enumérer les terres de la Provence propres à
« fabriquer de la porcelaine, de la faïence, et les
« diverses espèces de poterie usitées dans le pays ;
« désigner les lieux où elles se trouvent ; indiquer
« les moyens d'établir des manufactures de ce genre
« qui puissent soutenir la concurrence avec celles de
« l'étranger, autant sous le rapport de l'élégance des
« formes que sous celui des qualités et du prix de
« leurs produits. »

Il ne se présenta qu'un mémoire, anonyme, qui ne fut pas jugé digne du prix, mais dont on connaît

(1) *Histoire de l'Académie de Marseille*, par M. Lautard. Marseille 1829. Tome II, page 445.

deux exemplaires : l'un à la Bibliothèque de Marseille, l'autre à celle d'Avignon (1).

On doit vraiment regretter qu'une industrie aussi florissante et aussi artistique ait disparu dans la tourmente révolutionnaire.

(1) Davillier, *Histoire des Faïences et Porcelaines de Moustiers, Marseille et autres fabriques méridionales*, Paris, 1863.

CHAPITRE V

Les Théâtres

Nous avons vu dans un des chapitres précédents combien la Société des concerts, — ou « l'Académie de musique » — avait hâté les progrès de l'art musical à Marseille ; ses programmes contenaient tous les genres, — symphonies, motets, airs dramatiques, ariettes, concertos, etc., des compositeurs Français, Italiens et Allemands les plus célèbres. — Mais le Théâtre ne déployait pas moins d'activité, car l'art théâtral ou lyrique fut toujours en grande faveur à Marseille, et ce n'est pas d'aujourd'hui que le parterre s'y passionne pour un ténor ou une forte chanteuse : les récits, dans les Mémoires du temps, des triomphes de Ponteuil, de la Saint-Huberty, font paraître bien froides les ovations que l'on fait de nos jours aux artistes de premier ordre.

La population aimait le chant, la danse, la déclamation ; aussi, le « Spectacle » fut-il toujours très suivi, et des directeurs intelligents avivaient sans cesse le goût et les plaisirs du public par des ouvrages importants.

Dès le XVIIe siècle, la tragédie avait succédé aux mystères et aux pastorales ; d'un autre côté, et de par la permission de Lulli (1), l'opéra n'avait pas tardé à faire les délices de la population : Campra, né à Aix, et qui a laissé de nombreuses partitions, dirigeait en 1685 l'orchestre du théâtre de Marseille, et, dès ce moment, l'opéra partagea avec la comédie et la tragédie la scène marseillaise.

Lorsque Campra fut s'établir à Paris, où il fit représenter avec succès un grand nombre d'opéras-ballets, Pierre Gautier, né à La Ciotat, vint diriger le théâtre de Marseille. Lulli étendit le privilège jusqu'à Aix, Toulon, Nîmes et Montpellier, que l'excellente troupe de Gautier desservait à tour de rôle. Ce très agréable compositeur donna en 1685 *le Triomphe de la Paix*, opéra en trois actes et un prologue, dont il avait fait les paroles et la musique. Cet ouvrage eut un succès prodigieux partout où il fut représenté.

J'ai raconté dans une étude sur *Les anciennes salles de spectacle et de concerts à Marseille* (2) que la troupe tout entière de Gautier périt en mer avec son Directeur — vers 1697 — en se transportant à Cette. — Ce Gautier avait été soupçonné d'avoir écrit la musique du *Devin de Village*; mais si l'on peut croire que c'est là une invention des ennemis de J.-J. Rousseau, elle suffit du moins à démontrer quelle était la notoriété et combien l'on appréciait le talent du directeur du Théâtre de Marseille.

(1) On sait que cet Italien — qui avait le génie de l'intrigue au même degré que celui de la musique, — avait obtenu le privilège de toutes les « Académies chantantes » du royaume.

(2) *Journal Musical* des frères Pépin, à Marseille, n° du 15 décembre 1879.

Malgré la catastrophe où périrent Gautier et sa troupe, le théâtre ne resta pas longtemps fermé : un nouveau directeur, Legay, avait organisé une nouvelle troupe qui fut très applaudie dans les opéras d'*Isis* et d'*Armide*, dont la vogue était très grande à Marseille vers 1700. — Campra vint lui-même de Paris, en 1714, diriger l'exécution de sa *Chasse d'Enée et de Didon* qui, avec *le Médecin malgré lui*, de Molière, était donné en spectacle de gala, à l'occasion du passage de la reine d'Espagne à Marseille ; car à cette époque le théâtre de Marseille représentait encore la comédie et la tragédie simultanément avec l'opéra et le ballet, les échevins ayant été d'avis que ces divers genres devaient se donner sur la même scène pour ne pas créer entre eux une concurrence qui les ruinerait tous séparément.

Le spectacle se donnait dans la salle de la rue Vacon (sur l'emplacement où est aujourd'hui la halle Charles Delacroix). On prétendait que c'était la plus belle qui fût en France. Ce n'est qu'en 1787 que fut ouverte, sur les terrains de l'Arsenal, cédés à la Ville, la salle Beauvau actuelle, appelée plus tard salle Lepelletier et puis salle *Brutus* comme la rue Beauvau, elle-même. Elle devint spéciale aux représentations de l'opéra, tandis que la comédie se transporta au théâtre de la rue du Pavillon (dans le local actuellement occupé par la « Belle Jardinière » (1).

(1) Le théâtre actuel du *Gymnase* n'a été construit qu'en 1801 par l'architecte Paul Audibert, sous la direction de M. Desfougères, Ingénieur en chef du département.

La nouvelle salle, mise sous le patronage du maréchal prince de Beauvau, gouverneur de Provence, avait été imposée par le plan de concession des terrains de l'Arsenal, acquis en 1781 ; elle fut édifiée sur les plans de l'architecte Bénard, après un concours devant l'Académie d'architecture de Paris. — Peut-être eût-on trouvé à Marseille même un architecte qui eût construit une plus belle salle, et mieux comprise. — Une société de vingt actionnaires avait pris l'initiative et les risques de cette construction ; elle avait à sa tête quatre des plus honorables négociants de Marseille, Jacques Rabaud, J.-B. Audibert, David Baux et Rebuffel. Sur un devis de 550.000 livres, la la dépense définitive dépassa 1.100.000 livres.

A la rue Vacon, le loyer de la salle, les frais d'administration, le droit des pauvres (15.000 livres) et autres frais généraux de l'entreprise s'étaient élevés

à....................................	67.250	livres
La tragédie et la comédie coûtaient.	70.000	»
L'opéra............................	65.000	»
Le ballet...........................	48.000	»
L'orchestre........................	24.000	»
D'où une dépense, énorme pour l'époque, de.....	274.250	livres

Il est probable que les charges étaient bien plus considérables encore dans la nouvelle salle de la place Beauvau. On les évaluait à 376.500 livres ; mais les recettes atteignaient souvent 500.000 livres, ce qui laissait, on le voit, un joli bénéfice à l'entrepreneur. C'est que le prix des places était fort élevé, et beaucoup plus que de nos jours, si l'on tient compte de la diminution actuelle de valeur de l'argent.

En 1753, dans l'ancienne salle de la rue Vacon, on payait :

Sur le théâtre (1) et aux premières. 2 livres 10 sols
Amphithéâtre et secondes....... 1 » 10 »
Parterre et troisièmes.......... 1 »

Dans la nouvelle salle Beauvau, les premières places seules furent augmentées, et de cinquante pour cent : le parquet coûtait 3 livres 12 sols, les premières loges et l'amphithéâtre 3 livres. Les secondes loges et le parterre restèrent à 1 livre 10 sols et 1 livre : pour les deux nouvelles catégories de places, les quatrièmes et le Paradis, on payait 1 livre 4 sols et douze sols.

Et il n'y avait point de subvention : La Ville tenait alors pour règle et maxime administrative qu'elle n'avait rien à donner aux entreprises théâtrales, et que le public devait seul payer ses plaisirs. On voit d'ailleurs qu'il les payait assez cher, car on peut dire que le prix des places était environ trois fois celui d'aujourd'hui ; mais le public en avait pour son argent, car l'ensemble des chanteurs et des comédiens était excellent, et le répertoire très varié : en 1783-84

(1) Jusqu'en 1766 la scène fut encombrée de spectateurs assis sur des banquettes. C'était un des luxes des grands seigneurs.

on donna *Armide*, *Alceste* et autres ouvrages de Gluck, de Rameau, Sacchini, Philidor, Grétry et Monsigny ; c'est, d'ailleurs, l'opéra qui avait le plus la faveur du public : « il semble vouloir exclure tous « les genres pour régner seul, » disait un compliment d'ouverture, le 28 avril 1783 ; — car il y avait des compliments pour l'ouverture du Grand-Théâtre aussi bien que pour la clôture, et pour les représentations à bénéfice. — Les amateurs de musique mettaient donc l'opéra au-dessus de tous les autres plaisirs ; ils fréquentaient beaucoup les compositeurs, leurs interprètes, et c'est dans ce milieu artistique que se développaient bien des talents dont quelques-uns sont devenus célèbres : on sait quelle trace charmante a laissée dans l'art français Della Maria, né à Marseille, en 1768 ; son opéra de début, *Idoménée*, fut donné, en 1786, sur le Théâtre de la rue Vacon, et plus tard, *Le Prisonnier* obtenait à Paris un succès éclatant (1).

Le « Spectacle » de Marseille était donc très fréquenté par toutes les classes de la population, auxquelles la haute société donnait l'exemple. Malheureusement, elle se livrait aussi à des caprices et même des excès de tout genre, à la ville comme au théâtre, occasionnant quelquefois des désordres qui avaient de déplorables conséquences, et pour des motifs les plus futiles : vers la fin de 1772, on donnait un soir l'opéra-ballet de *Zémire et Azor*, spectacle demandé par Mme d'Albertas, femme du Premier-

(1) *La Musique à Marseille*. — Alexis Rostand, Paris, Sandoz et Fischbacher, éditeurs.

Président du Conseil Supérieur, nouvellement établi à Aix, en remplacement de l'ancien Parlement supprimé par le chancelier Maupeou. La jeunesse de Marseille, qui avait frondé les Parlements, frondait aussi la nouvelle organisation judiciaire, et comme, de plus, la population marseillaise détestait la noblesse d'Aix, l'entente se fit facilement pour que tout le public s'opposât, ce soir là, à cette représentation de *Zémire et Azor* : on demanda une tragédie ; mais, sans succès. Dès lors un tumulte effroyable s'ensuivit : on escalada la scène, et une mêlée générale amena de grands malheurs : la municipalité avait fait requérir du fort St-Nicolas 200 hommes armés, ce qui exaspéra le public : des coups de feu partirent, et le jeune Rémuzat, d'une ancienne famille d'échevins, fut blessé à mort, de même que, au parterre, un capitaine hollandais qui était venu ce soir là au Théâtre pour la première fois de sa vie : il avait cru que cette mêlée était la comédie même, et il y avait volontiers joué un rôle trop actif. — Les naïfs ont, généralement, peu de chance.

Les violences auxquelles se portait parfois le public justifiaient, on le voit, la réputation dont a hérité le parterre marseillais, d'être peu athénien. Il y aurait un curieux chapitre à écrire sur les mœurs au théâtre à cette époque, comme aussi sur les habitudes licencieuses et désordonnées des grands personnages, comme des simples négociants et des jeunes gens, qui faisaient parade de leur commerce avec les comédiennes. Pour un homme de qualité, aussi bien que pour ceux qui en voulaient avoir les apparences, il était de suprême bon ton d'entretenir les artistes ou les danseuses de l'opéra.

Mais ceci ne rentre pas tout à fait dans le cadre que je me suis imposé. On peut voir dans *Les Rues de Marseille*, d'Augustin Fabre, dans les Mémoires du temps, et notamment ceux du marquis d'Argens, quelle était la licence des mœurs, et chez les filles de l'opéra plus encore que chez les comédiennes, qui pourtant ne faisaient pas vœu de chasteté.

Les jeunes gens de l'époque dépensaient pour ces femmes-là des sommes considérables ; mais, tout se faisait régulièrement, comme il convient pour des gens habitués à la comptabilité du commerce. Le Chevalier de Bonneval dressait les stipulations du contrat par lequel le marquis d'Argens s'obligeait à payer toutes les dépenses de la belle Chichotte « honnêtement, » et la danseuse Mariette refusait les trente louis offerts d'avance par le Comte X., « attendu, — disait-elle, — « que notre vie est dans la main de Dieu « et que, si je meurs ce soir, je n'aurai pas gagné « cette somme ; or, je ne veux pas charger d'un vol « ma conscience. »

Où la conscience allait-elle se nicher ! — Mais ce trait suffit à prouver quelle loyauté on apportait alors dans toutes les circonstances quelconques de la vie, même dans les débordements de la passion, dont certaines actrices ont laissé des souvenirs qui sont devenus légendaires. Mlle Chéré, Mlle Campoursi, étaient fameuses par leur galanterie ; les deux sœurs Gaumini, de l'Opéra, voyaient à leurs pieds les négociants, les magistrats, les jeunes hommes, les vieillards même : tous bravaient l'opinion publique pour leur apporter des hommages accompagnés de beaucoup d'argent, et le maire menaçait Sophie Desforges d'employer la force pour en délivrer la ville. Les funérailles de la Pozé, en mai 1780, furent un scandale public : cette chanteuse, morte à 22 ans, à la suite d'excès de tous genres, avait fait, disait-on, « autant de conquêtes qu'il y avait d'êtres sensibles à Marseille. » — Ce furent des funérailles absolument royales, une vraie apothéose, et les pièces de vers abondèrent pour cette circonstance : dans l'une, on lui disait :

> Vivante, je t'aimais, et morte, je t'adore !

Ce fut du délire.

D'autre part, les rues avoisinant le Théâtre, rues d'Aubagne, Méolan, et autres, étaient infestées de femmes galantes et, quand on ouvrit le Grand-Théâtre de la place Beauvau, ce fut le tour des rues Corneille, Molière, d'Albertas. Un mémoire imprimé chez Jean Mossy en 1790, évalue à 6000 le nombre des filles publiques à Marseille à cette époque : bien qu'elles fussent loin d'atteindre ce chiffre, la police avait fini par ne plus s'en occuper ; aussi, le débordement des mœurs allait-il toujours en croissant, et ce fut bien pis sous la Révolution et le Directoire ; d'autant plus que les grandes manières et le bon ton de l'ancienne société avaient disparu sans retour.

CHAPITRE VI

Imprimerie. — Librairie.

« Les livres, — a dit Paul Dupont, — ont fait en
« tous les temps le délassement des esprits cultivés,
« de toutes les conditions et à tous les degrés. C'est
« par eux que les connaissances s'acquièrent, se
« développent s'appliquent utilement, et servent à
« civiliser le monde. »

L'imprimerie et la librairie sont cependant les deux
manifestations de la pensée qui, vers 1789, étaient le
moins en progrès à Marseille ; comme partout d'ailleurs : car on sait quelle réglementation en rendait
l'exercice difficile.

Il ne faut pas, cependant, accuser l'ancien régime
de cette infériorité, de même que la nuit du moyen-
âge ne peut être imputée à personne : ce n'est que
peu à peu que l'esprit humain s'éveille et prend la
notion de ses droits.

Au xviii° siècle, le nombre des imprimeurs était
fixé pour chaque ville de France : un arrêt du Conseil
d'Etat de mars 1759 portait à huit le nombre des

imprimeurs de la généralité de Provence, dont quatre pour Aix, trois pour Marseille, un pour Toulon ; et l'imprimerie établie à Arles était supprimée (1).

Il fallait, pour exercer, avoir vingt ans accomplis, subir un concours devant la Chambre Syndicale, être « congru » en langue latine, savoir lire le grec et être catholique. Les ordonnances royales étaient, en outre, fort sévères contre les imprimeurs ou libraires qui publiaient des livres contraires à la Religion ou aux bonnes mœurs ; et un jugement de M. de Sartines, conseiller d'Etat, lieutenant général de Police de la ville, prévôté et vicomté de Paris, condamnait pour ce fait, en 1773, la veuve Stochdorph à être bannie pour neuf ans, après avoir été attachée au carcan en place de Grève par l'exécuteur de haute justice, et y avoir demeuré depuis midi jusqu'à deux heures avec un écriteau devant et derrière, portant le motif de sa condamnation.

A Marseille, en 1772, on mit au pilon trente exemplaires du 10ᵉ volume de l'Encyclopédie, in-4°, imprimé à Yverdun, et venus d'Amsterdam dans une balle marquée M. G., à l'adresse du sieur Joseph

---

(1) Toutefois, l'arrêt (contresigné Phelippeaux), autorisait le titulaire Mesnier et sa femme à continuer d'imprimer leur vie durant dans ladite ville « sans tirer à conséquence ». Mais leurs enfants ne pouvaient tenir l'imprimerie, à peine de 300 livres d'amende, confiscation des vis, des presses et autres ustensiles. — Cependant, Bory nous apprend que les descendants de Mesnier obtinrent successivement l'autorisation d'exercer.

Coulomb, négociant. Chaque voiturier, muletier et autres particuliers étaient tenus, sous peine de 1,000 livres d'amende, de soumettre à la vérification de la Chambre Syndicale des Libraires les livres qu'ils apportaient dans Marseille.

Le premier livre imprimé dans notre ville le fut en 1595, par Pierre Mascaron, aïeul de l'illustre évêque de Tulle. Les trois consuls s'étaient engagés à lui fournir une maison « propre et commode » pour son habitation et l'exercice de sa profession. Ce livre était *Les œuvres poétiques de Louis Belland de la Bellaudière*, gentilhomme provençal, dont la Bibliothèque Nationale ne possède qu'un exemplaire incomplet, et imprimé dans le format in-4°, en caractères tour à tour italiques et ronds.

A Mascaron, succédèrent Coignet, Jean Courraud, Etienne David, Claude Garcin, qui édita, en 1642, l'*Histoire de Marseille*, par Ruffi ; Henry Martel en publia, en 1696, une deuxième édition. En 1672, une imprimerie Arménienne s'établit à Marseille : les caractères en avaient été gravés à Amsterdam ; mais elle ne fonctionna que jusqu'en 1684.

Un poste d'inspecteur de la librairie et de l'imprimerie pour la Provence fut créé à Marseille par lettres patentes du Roi, en 1776. C'était là une charge très importante, et très respectée : elle eut pour premier titulaire Pierre Durand, qui fit interdire de toutes ses fonctions, en 1778, le sieur Allemand, libraire, lequel s'était porté à des « excès » contre lui, parce qu'il lui avait reproché la vente de livres prohibés et de contrefaçon (1). A sa mort, survenue en 1784, il eut pour successeur Claude Marin, de la Ciotat, censeur royal, qui vint de Paris remplir à Marseille ces fonctions difficiles.

Enfin, par arrêt du Conseil d'Etat, de septembre 1771, les livres, reliés ou non, vieux ou neufs, venant de l'Etranger, acquittaient un droit de 60 livres par quintal, qui fut réduit bientôt à 20 livres.

Malgré toutes ces entraves, cependant, le commerce des livres, aussi bien que l'imprimerie, était assez florissant à Marseille, et sans doute le Ministère et le Censeur Royal s'étaient bien relâchés de leur sévérité, car notre ville ne comptait pas moins de neuf imprimeurs à cette époque. C'étaient:

Brébion, près la Loge, 1767-1793;
Favet, rue Pavillon, 1786-1811;
Isnard (Firmin), sur le Port;
Jayne (Joseph), à la Cannebière;
Laporte et Sube, à la Cannebière;
Mossy, à la Cannebière, 1749-1834;
Roullet père et fils, sur le Cours;
Roustan, Joseph, rue Beauvau;
Veuve Sibié, sur le Port, 1785-1791;

(1) Il le fit rétablir lui-même, l'année suivante. — Un règlement du Conseil d'Etat, rédigé par le Chancelier d'Aguesseau, défendait d'imprimer ou de faire imprimer aucun ouvrage quelconque sans en avoir préalablement obtenu la permission.

Il y avait, en outre, à Marseille, deux imprimeurs en taille douce :

Courbière, 1770-1790, rue des Pénitents-St-Antoine ;
Marin, 1777-1790, rue de la Guirlande.

Tous ces imprimeurs étaient en même temps libraires : on s'abonnait chez eux à la lecture des livres comme des journaux, gazettes et revues périodiques. C'étaient là de vrais centres littéraires, et j'aurai encore recours au témoignage d'un étranger pour montrer quels étaient la portée et l'agrément de ces lieux de réunion : le célèbre astronome Jean Bernouilly ne pouvait manquer d'en parler, dans ses *Lettres*, déjà citées (1) : « on trouve à Marseille, écri-
« vait-il, des facilités de s'instruire ; MM. Sube et
« Laporte, deux libraires associés, gens aimables,
« complaisants comme il en est peu, rassemblent tous
« les jours dans leur magasin, sous l'enseigne *Au*
« *Parnasse Français*, la plupart du petit nombre des
« habitants de Marseille (relativement parlant), qui
« aiment mieux cultiver les lettres ou jouir de la dou-
« ceur du climat dans un calme philosophique, que
« de sacrifier comme d'autres leur santé et leur tran-
« quillité au désir d'accumuler. »

Un décret de la Convention, daté de 1791, supprima les Lettres de maîtrise, et le privilège de l'imprimerie

---

(1) *Lettres sur différents sujets*, écrites pendant le cours d'un voyage par l'Allemagne, la Suisse, la France méridionale et l'Italie, en 1774 et 1775. (Berlin, Decker. Tome II, page 76).

avait été aboli, comme tous les autres, en 1789. Cette industrie, libre désormais, ne fit que s'accroître, mais le nombre des libraires, surtout, augmenta considérablement par la suite, et jusqu'à nos jours. — Cependant, on ne voit plus guère aujourd'hui ce « calme philosophique », auquel Bernouilly avait rendu hommage, car la lutte pour la vie ne permet plus d'aller passer des heures chez les libraires pour discourir sur la pièce nouvelle ou sur le mérite et les tendances de l'ouvrage récemment paru. On lit chez soi, et il faut croire qu'on lit beaucoup, puisque le nombre des libraires est très important aujourd'hui dans notre ville. — Il ne faut pas le regretter : l'imprimerie est comme la langue, de l'apologue d'Esope : si elle fait beaucoup de mal, elle fait aussi beaucoup de bien. Cette facilité malheureuse qu'elle donne de publier et répandre à l'infini les impostures, les calomnies, les mauvais principes, pourrait la faire maudire : mais, d'autre part, Gerson a dit que « les bons livres font les bons clercs », et qui ne sait le bien que font dans l'esprit, dans les âmes, les bons conseils, les idées saines et justes, par la voix mille fois répétée du Livre !

CHAPITRE VII

Journaux et Almanachs

Dès 1760, l'imprimerie Mossy — qui fut prospère durant près d'un siècle dans notre ville — avait publié à Marseille un *Journal d'Annonces, Affiches et Faits divers* qui suffisait à tenir le public au courant de tout ce qu'il lui importait de savoir en matière d'administration, de ventes, d'arrivages de navires, spectacles, naissances, décès et autres faits de la vie commerciale et domestique d'une grande cité.

Le *Petit Marseillais* a reproduit récemment le numéro du Jeudi 10 Avril 1760, de cette feuille hebdomadaire dont les annonces étaient particulièrement caractéristiques des mœurs et de la bonhomie de l'époque : un négociant qui devait partir pour Lyon en chaise de poste à deux places, en offrait une à quelque personne connue, afin de partager la dépense. Un propriétaire auquel on avait volé un paon, priait le voleur de le rapporter à telle adresse, ou d'y venir prendre aussi la paonne, afin d'avoir le couple...

Les livres nouveaux étaient sommairement analysés ; on donnait le cours des marchandises et des changes ; souvent, on insérait des logogriphes et des énigmes ; il y avait, enfin, toutes les matières qui, (en dehors de la politique), constituent encore aujourd'hui la charpente du journal hebdomadaire ou quotidien. — L'abonnement coûtait six livres par an pour Marseille, et neuf livres pour les autres villes, franc de port.

Le *Journal d'Annonces* cessa de paraître en 1780. Mais il y avait encore d'autres petites feuilles du même genre puisque, lorsque l'avocat Beaugeard voulut créer, en 1779, son *Journal de Provence*, le procureur Vitalis refusa l'autorisation en se fondant sur ce que les échevins et lui considéraient « comme
« dangereux ou tout au moins comme ne devant être
« d'aucune utilité, cette nouvelle Gazette qui ne ferait
« que répéter ce que bien d'autres journaux fournis-
« saient déjà en matière de politique et d'annonces;
« et qui embrasserait des objets bien vastes et trop
« étendus pour que celui qui la proposait fût en état
« de tenir ce qu'il promettait. »

Malgré cette extrême prudence de l'Administration, Beaugeard obtint cependant, en 1780, le privilège qu'il sollicitait, et la faveur de Monseigneur le Prince de Beauvau, gouverneur de Provence, l'y aida puissamment.

Son journal fut bientôt le plus répandu; aussi, peut-on dire que c'est Beaugeard qui a personnifié le journalisme à Marseille au xviii° siècle; et plût à Dieu que la presse eût conservé les traditions d'originalité, d'urbanité et d'indépendance, que lui donna cet ancêtre!

Le *Journal de Provence* paraissait trois fois par semaine, les mardi, jeudi et samedi. On s'abonnait au bureau du journal, rue Châteauredon, où était aussi le domicile de Beaugeard, et chez Roullet, libraire sur le Cours. Le prix était de 18 livres par an pour Marseille, et 24 livres, franco de port, pour le reste du royaume. — Du 19 avril 1781 au 2 septembre 1790, le journal fut dédié au Maréchal prince de Beauvau ; il avait de 4 à 6 feuilles d'impression, format in-12. — Aux avis divers, aux articles de critique littéraire, aux communications de l'Administration, il ajoutait la liste de tous les navires entrés dans le port les jours précédents, et qui apportaient des blés pour les maisons Straforello et Peragallo ; Pechier ; Folsch et Hornbostel ; des huiles pour MM. Guis et Cie, Musso, Grelling frères, J. Borely ; des marchandises diverses pour les maisons Van Gaver, Roussier, Samatan, Jean Clary, Rabaud et Cie. — On y voyait aussi quels étaient les navires mis sous charge pour les divers points du globe par MM. J. Fraissinet, Audibert et Sermet, Olive et Boyer, Patot, Jauffret, Peyron et Cie. — Tous ces noms sont encore honorablement portés de nos jours par les descendants de ces honnêtes négociants et armateurs marseillais.

Quant à la politique, elle y était presque nulle : Beaugeard se bornait à enregistrer tels faits, ou telle ordonnance, sans commentaires ; c'est après 1789 seulement que nous voyons le *Journal de Provence* donner son appréciation sur les événements ; et comme, malgré sa modération, il n'était pas absolument enthousiaste, l'ère des persécutions ne tarda pas à s'ouvrir devant lui. On s'en prit d'abord à son titre :

l'Assemblée Nationale ayant aboli les dénominations des anciennes provinces, on enjoignit à Beaugeard d'intituler sa feuille *Journal de Marseille;* elle parut sous ce nouveau titre dès le 17 janvier 1792.

Le dernier numéro est daté du 24 septembre 1797. Bien qu'il suivit la ligne imposée par les circonstances politiques, la modération de ce journal fit dénoncer Beaugeard, qui avait pourtant échappé aux vengeances de la Terreur ; mais les proscriptions dictatoriales vinrent l'atteindre, car il avait osé signaler les abus effrayants du nouvel ordre de choses et démontré la nécessité de revenir à une forme de gouvernement qui pût rendre la paix à l'Europe. — Accusé de Royalisme, il fut condamné à la déportation le 18 fructidor an VI (1).

Ce sympathique journaliste put se cacher quelque temps à Bordeaux ; mais il fut arrêté à la suite d'une imprudence, et conduit bientôt en Amérique. Revenu en France après l'amnistie de 1800, Beaugeard se fixa à Lyon, où il se distingua comme avocat. Il y mourut en 1828, âgé de 74 ans, et laissant un travail important sur le Code criminel.

Le nom de cet honnête homme, de ce journaliste courageux, mérite d'être conservé. Son *Journal de Provence* était fort apprécié et répandu, malgré le prix élevé de l'abonnement, qui correspondait bien à 70 fr. environ de notre monnaie d'aujourd'hui. — « En « outre des annonces ordinaires, il entretenait le

---

(1) Moniteur. An VI, N° 263.

« goût de la littérature dans notre ville, qui a toujours
« cultivé les lettres ». — C'est Grosson, qui lui rend
cet hommage dans son *Almanach Historique de Marseille*, publié de 1770 à 1790, et qui peut être considéré comme l'un des journaux ou annuaires de l'époque; mais le notaire Grosson, membre de l'Académie de Marseille, n'avait pas le courage et la téméraire confiance de Beaugeard : « Dans la Révo-
« lution présente, — écrivait-il dès 1790, — on aura
« égard à notre incertitude de l'avenir. L'année
« prochaine, s'il plait à Dieu, tout sera plus tranquille
« et nous serons à même de faire mieux que cette
« année. » Mais ces vœux furent stériles, et l'*Almanach Historique* cessa de paraître en 1791.

En dehors de ces publications, il y avait, à Marseille, des *Almanachs* ne contenant que des renseignements sur la ville, ses industries, son administration, sur ceux de ses habitants qui avaient un emploi ou un état public.

L'*Almanach de Marseille* paraissait annuellement chez le libraire Mossy : on y trouvait aussi des anecdotes, des descriptions de monuments anciens, la chronologie des Evêques, des Consuls, des Abbesses de divers monastères, — fort nombreux à Marseille à la fin du XVIII° siècle. — On le vendait 24 sols broché, et 36 sols relié en basane ; mais on en faisait aussi relier en *maroquin* pour les personnes curieuses de belles reliures.

En 1777, un arrêt du Conseil d'Etat avait autorisé —

pour dix ans — la publication d'un *Guide Marseillais*, que le sieur Joseph Mazet, de Marseille, fit éditer par Mossy, mais la vente en avait lieu chez Brebion et chez Isnard ; chaque année il paraissait en octobre, et on le voit encore cité en 1797. Le but de cette petite publication était indiqué dans la préface, écrite en un vrai style d'almanach : « Etre utile
« à la patrie est un devoir de société ; on peut le
« remplir dans les grands comme dans les petits
« objets, et ils ne sont tels réellement que relative-
« ment aux besoins et à la position. »

Moins importante que l'Almanach de Grosson, cette publication devait être la première de ce genre, à Marseille, car Mazet déclarait ensuite qu'il donnait ce *Guide Marseillais* « à l'exemple de Bordeaux (1), « Londres et Amsterdam, où ces ouvrages sont usités « pour l'avantage et la satisfaction du Citoyen et de « l'Étranger. » — On y trouvait par ordre alphabétique les noms, raisons de commerce et les demeures de MM. les Négociants ; ceux des marchands, manufacturiers et fabricants ; ceux des artistes (ouvriers artisans), ayant rapport au commerce, et enfin les boutiquiers trafiquant en gros.

De telles publications, si nécessaires dans une grande ville commerçante, offrent, dans la suite, un

---

(1) On ne disait pas encore : à *l'instar de Paris*. La difficulté des communications avec la capitale permettait aux villes de province d'avoir leur caractère, leurs mœurs propres et une initiative féconde.

vif intérêt rétrospectif puisque l'on peut, au moyen de ces anciens annuaires, avoir des indications précises sur l'histoire administrative, politique, commerciale de notre ville; elles fournissent des jalons pour la biographie de nos devanciers; elles permettent même de reconstituer des généalogies, et il est certain qu'une collection complète de tous les *Guides Marseillais*, depuis la fin du xviii° siècle jusqu'à nos jours, serait l'une des plus curieuses et des plus intéressantes que puisse former un vieux Marseillais.

CONCLUSION

On a vu, dans ce rapide résumé, le tableau des Sciences, des Lettres et des Arts à Marseille, à la fin du siècle dernier. Il témoigne de la sympathie que les Marseillais ont toujours eue pour les choses de l'intelligence : le génie grec n'était-il pas aussi apte au Commerce, qu'aux Sciences, aux Lettres et aux Arts ? — La liste serait longue, nous l'avons dit, des Marseillais illustres qui ont ajouté à la gloire commerciale de notre ville celle — plus haute encore — de l'esprit ; et il serait bien à désirer que toutes ces forces vives, qui depuis des siècles se perpétuent dans notre région, pussent être réunies en un grand faisceau, pour que le Gouvernement se décide enfin à créer à Marseille cette Université de Provence, ou Marseillaise même, dont l'Académie de Marseille avait, dès l'an IX, soumis le plan au Préfet Charles Delacroix, qui refusa de l'appuyer auprès du Ministre.

— Il y a 96 ans, de cela, et les choses en sont encore au même point, ou à peu près, à Marseille : l'initiative privée n'y est pas encouragée par le Gouvernement. Mais il ne faut pas désespérer de voir se grouper un jour dans notre ville les diverses Facultés que souhaitent tous les bons esprits, et qui donneraient un nouveau lustre à l'antique Phocée, si admirablement située pour recevoir les étudiants de tout le Midi, de l'Algérie et du Levant. — Ce serait le juste couronnement des efforts qui ont été constamment faits à Marseille pour y entretenir le mouvement intellectuel, et le vieux renom de la sœur de Rome, de l'émule d'Athènes, en serait rajeuni.

Je ne saurais mieux terminer que par ce vœu, une étude destinée surtout à prouver que les négociants de Marseille ont toujours tenu en grand honneur la culture de l'esprit.

TABLE ALPHABÉTIQUE

DES NOMS CITÉS

Nom	Pages
Achard (Dr)	53
Agard	81
Agnel	72
Aguesseau (d')	91
Aillaud (l'abbé)	27
Aillaud (Dr)	41
Albertas (d')	65-84
Albrand	42
Alexandre le Grand	30
Allemand	90
Anaxarque	8
Angevilliers (comte d')	65
Anjou (d')	33
Annibal	30
Aristote	8
Audibert J.-B.	82
Audibert Paul	81
Bachelier	64-66
Barbarin	27
Barras	42
Barrigue de Fontainieu	13-33
Barthe	16
Barthélemy	16
Baux	82
Bayon	41
Beaugeard	95-96-97-98
Beaumont (Lemaistre de)	40-41
Beauvau (prince de)	40-41-92-95-96
Bellaud de la Bellaudière	90
Bellissen	41
Belloy (Mgr de)	11
Belsunce (Mgr de)	44-44-45-46-49-37
Bénard	82
Bérain	75
Bérenger P.-L.	58
Bérenger de la Roche	25
Bernard	50
Bernis (cardinal de)	49
Bernoulli	93-94-47-92-93
Blanc	33
Blégny (de)	95
Boissolier	41
Bonaparte	44
Bonnaffé (Edmond)	30
Bonnefoi	78
Bonnin	64
Borelli	28
Borely	34-65-98
Bory	89
Bouche	59
Boule	75
Boullongue (de)	65
Bourguignon (de)	41
Boyer	72
Boyer de Fonscolombe	65
Brébion	91
Bougerel	41
Campoussi (Mlle)	86
Campra	80-81
Capus	50
Castries (maréchal de)	49
César	30
Chéré (Mlle)	86
Chalamond de la Visclède	44

TABLE ALPHABÉTIQUE DES NOMS CITÉS

	Pages		Pages
Champfort	44-56	Fontenelle	9
Cicéron	8	Forbin-Janson (M⁰ʳ de)	18
Clément XI	15	Forasta (de)	40
Clément XII	20	Foucou	64
Clérissy	73-74	Fraissinet (Jacques)	39-90
Clot-Bey	31	François de Neufchâteau	44-55
Colguard fils	44	Fréron	42
Colgnet	90		
Corréard (de)	40	Gaillard	55
Courbière	92	Garcin	90
Courraud	90	Gasquy (M⁰ʳ)	25
Couturier	41	Gault (M⁰ʳ)	27
Croizet (le P.)	12	Gaumini (les D⁰ʳ)	86
Crudère	65	Gautier	38
Cruice (M⁰ʳ)	19	Gautier (Pierre)	80
		Gérin (de)	41
Daignan	38	Gerson	43
Damion (de)	40-41	Giraud (l'abbé)	12
Dassy	61	Gontran (le T. C. F.)	13
David	90	Gnypho	36
Davilliers	73-78	Gravier	27
Delacroix Ch	101	Greling (de)	90
Delaresse	73-74	Grignan (M⁰⁰ de)	43
Della Maria	84	Grosson	31-33-40-54-61-66-73-98
Demours	57	Guys	50
Desforges (Sophie)	87		
Desfougères	81	Habeneck	42
Devilliers de St-Savournin	65	Henry IV	30
Dozol	41	Henry (Michel)	68
Dumarsais	8-16	Hercules (d')	41
Dupont (Paul)	88	Hornbostel	96
Durand	90	Hugues	58
		Isnard	91
Espérandieu	28		
Eydoux	72	Jardin	65
Eymar (l'abbé d')	53	Jayne	91
		Jérôme (Saint)	8
Fabre (Augustin)	26-39-86	Joyeuse (de)	21
Faidherbe (général)	44	Jullien	64
Famin	33	Justin	25
Fauchier	72-77		
Favet	91	Kappeler	66
Fesquet (veuve)	72-77		
Feuillée (le P.)	26	Lagrange (le P.)	48
Folsch	96	La Harpe	56

TABLE ALPHABÉTIQUE DES NOMS CITÉS

Nom	Pages
Lamartine	44
Lambert (de)	12
Lantier	59
Laporte	41-91-92
Lautard	44-77
Lauzière (de la)	59
Laval (le P.)	48
Le Gay	81
Legrand	41
Lejourdan	27
Lemasson	28
Leverrier	44-48
Liquier	52
Lombardon	40-45
Long	28
Louis XV	46
Louis XVI	23-47
Louis XVIII	40-76
Lulli	80
Lysippe	30
Madeleine (Philippe de la)	46
Magnan	33
Malaval	31
Malijay (Noguier de)	52
Mignet	48-52
Mantz (Paul)	71
Marin	52-91-92
Martel	90
Martène (le P.)	27
Mascaron	15-18-90
Massillon	16
Massuque	72
Matignon (l'abbé de)	15
Mazet	18
Médicis (Catherine de)	25
Médicis (Julien de)	25
Mehemet-Ali	34
Méliey	67
Merle	41
Mesnier	89
Méry	42
Michel de Léon	27-32-65
Modène (duchesse de)	40
Mondonville	41
Monthyon (de)	56
Mortreuil	26-72-73
Mossy	28-91-94-98
Moulard (Dr)	41
Moulinneuf	98
Mouraille	54
Moustiers	74-77
Necker	49
Nicolas	67
Parrocel	34-69
Pastoret (de)	58
Papon (le P.)	54
Palot	98
Paul (Guillaume de)	32-65
Pechier	98
Peiresc	30
Peragallo	98
Perrin (veuve)	72-76
Peyron	98
Peyssonnel	16-55
Pezé (Mme)	87
Pezenas (le P.)	48
Philip	27
Philippe d'Espagne (Don)	40
Pline	25
Plumier (le P.)	26
Porrade (l'abbé de)	28
Portalis	16
Poulhariès	93
Puget	8-31-32-33
Pythéas	48
Rabaud	82-96
Racine (Louis)	44
Rambert	41
Rascas de Bagarris	30
Raymond (Dr)	28
Raynouard	46
Rébuffel	82
Rémuzat	85
Réveilli	67
Rey	41
Rey Vieilh	67
Reyer	44
Ribotti (Mr de)	25

Pagination incorrecte — date incorrecte
NF Z 43-120-12

TABLE ALPHABÉTIQUE DES NOMS CITÉS

Nom	Pages
Richelieu	24
Rigord	19-48
Riquetti de Mirabeau	54
Robert	72-75-76
Robineau de Beaulieu	50
Rohan-Chabot (de)	65
Romagnac (de)	33
Rostand (Alexis)	84
Roullot	91-96
Rousseau (J.-J.)	80
Roussier (l'abbé)	4-96
Roustan	91
Ruffi	90
Saint-Huberty (Mme)	79
Saint-Jacques Sylvabelle	48
Saint-Priest (de)	65
Salle (J.-B. de la)	12
Samatan	41-65-96
Sarrazin	07
Sartines (de)	89
Saurel	34
Sauze	72
Savy	72-74-76
Sermet	96
Sibié	22-91
Soliers (Mgr de)	24
Solms (comte de)	85
Soufflot	65
Stochdorph	89
Straforello	96
Suba	91-92
Sudre	25
Suétone	30
Surian (Mgr de)	32
Teissier (Octave)	32
Thiard (de Bressy de)	59
Thiers	65
Thulis	49-52
Vair (Guillaume du)	21
Van-Claver	8-36
Varron	90
Vaudreuil (comte de)	65
Vernègues (de)	40
Vernet (Joseph)	65
Vidal (D^r)	50
Villars (maréchal de)	37-44-46
Villars (duc de)	45-49-63
Vincens (Auguste)	42
Vintimille (Mgr de)	12
Viry	72-74-75-77
Vitalis	95
Volaire	67
Voltaire	44
Wanwik	67

TABLE DES MATIÈRES

	Pages
INTRODUCTION	5
Les Écoles	10
Les Petites Écoles	10
L'Enseignement primaire et secondaire	14
L'Enseignement spécial	18
Bibliothèques monastiques et particulières	24
Les Collections Artistiques, publiques et particulières	30
Les Académies	36
Académie de Musique	37
Académie des Lettres, Sciences et Beaux-Arts	43
Académie de Peinture, Sculpture et d'Architecture. — École des Beaux-Arts	63
La Faïencerie	70
Les Théâtres	79
Imprimerie et Librairie	88
Journaux et Almanachs	94
Conclusion	101
Table alphabétique des noms cités	103

IMPRIMERIE BARTHELET ET Cie
MARSEILLE

Original en couleur
NF Z 43-120-8

www.ingramcontent.com/pod-product-compliance
Lightning Source LLC
Chambersburg PA
CBHW070530100426
42743CB00010B/2023